地方創生の切り札
LBT
アフリカから学ぶ
まちづくり工法
徳永達己 著

長野県下條村で実施されている建設資材支給事業の風景

タンザニアで行われているLBT工事の様子。地域の住民が労働者となって工事に参加する

自分たちが使うインフラは自分たちで作る。
下條村では生活道路など身近な施設は村人で整備されている

LBTでは女性ができる仕事も多く、現金収入が少ない農村部では貴重な収入源となる

道普請の作業を終えた下條村小松原地区の住民メンバー。
協働作業を通じて地域住民のつながりを深めていく

コートジボワールでの道直し作業の際の一幕。日本でもアフリカでもこの光景は変わらない
写真提供：NPO法人道普請人

地方創生の切り札LBT

アフリカから学ぶまちづくり工法

はじめに

これが同じ地球の風景なのだろうか。どこまでも果てしなく続く地平線、野生動物の群れ、濃厚な紺青《こんじょう》の空、たじろぐことなく悠々と漂う巨大な雲の群れ。人々はエネルギッシュで、いつも刺激的な出会いがあった。アフリカでは見るもの感じるものすべてが新鮮であり、常にその熱気に圧倒されながら日々生活をしていた。

私は、長年開発コンサルタントとして、主にアフリカなどの開発途上国（以降途上国）を舞台としてインフラストラクチャー（社会基盤、以降インフラ）整備のプロジェクトに従事してきた。特に、住民参加型のインフラ整備手法であるLBT（Labour Based Technology）工法に関わる機会が多かった。

インフラのDIY（Do It Yourself）ともいえるLBTは途上国で多用されている。単なる施工技術ではなく、多くの地域住民を工事の労働者として巻き込みながら進める社会開発的なプロセスと、その事業効果について関心を持ち、長期にわたり技術の改良や制度の運用に関する技術協力プロジェクトに携わってきた。

途上国は、現在まさに国づくり、人づくり過程の真っただ中にある。日本に例えるならば、激動の明治の時代、あるいは昭和30年代の経済成長期の頃だろうか。若者や子供が溢《あふ》れ、町や村もギラギラした活気に満ちていた。幸運なことに、私はアフリカの人々とともに、このような建国の時代をこれまで一緒に過ごしてきた。

2015年4月より、私は拓殖大学国際学部および大学院国際協力学研究科の教授として、インフラ開発やプロジェクトマネジメントについて教鞭を執ることになった。国際開発に志を持つ後進の学生に対し、私が過ごしたアフリカの生々しい息遣いを伝えつつ、学問や研究を通じて専門性を高め、思う存分途上国の現場で腕を振るってもらいたいと思ったからだ。

久しぶりに腰を落ち着けて暮らす日本には、以前から私がやりたいことがもう一つあった。それが、国内のまちづくり活動に関与することだった。

都市計画を専門とする私は、これまで、もっぱら途上国における都市・交通の計画策定やインフラ事業の実施に携わってきた。しかし、若い頃から海外の仕事ばかりしてきた反動だろうか、日本の地方や田舎で地域の人たちとともに、まちづくり活動に参加することに憧れを抱いていた。

それからは、地元の横浜をはじめ、いくつかのまちづくり活動に携わったり、さまざまな勉強会を通じて多くの研究者、実務者や一般市民の方々と情報の共有化を図ったりして、自分が取り組むべき活動を探し求めてきた。

その中には、アフリカで体感したような刺激的な経験もあったが、少し拍子抜けして手応えが感じられない時もあった。


私は長年の思い入れが強過ぎて、多少勘違いをしていたのだろう。学生のクラブ活動ではあるまいし、住民たちの日頃の集まりに妙な盛り上がりを期待するほうが不自然である。

全国を見渡しても、まちづくりの取り組みは、もちろんすべてが順調に進められているわけではない。大きな成果を上げているのはごく一握りである。多くの活動は実に淡々と、粛々と進められており、可もなく不可もなく、単に日常活動の延長線にあるものに過ぎない。継続すること自体を目的とした活動も多い。

少子高齢化時代に直面し、地方都市は消滅可能性都市に対する危機感を持つようになった。政府も２０１４年より「地方創生」を国の重要政策として打ち出すなど、国と地方が一体となって、地方活性化に向けたさまざまな取り組みが行われようとしている。

地方は、地域の活性化を図るべく行財政の改革と産業振興の効果を向上させたい意向を持っている。しかし、これまでの旧弊を打ち破り、社会の改革（創生というべきか）がダイナミックに動き出すためには、相当量のエネルギーに加え、制度を再構築するような大胆な「仕組み」と「仕掛け」づくりが必要になる。

地方創生はまだ日本の地方をドラスティックに作り変えるような国民的な運動、大きなうねりにはなっていない。先ほど紹介したように、まちづくりの現場では変化に乏しく、小さなものごと一つを変えるのにも関係者は大変な労力を費やしている。私はまちづくりの現場の人たちとの接点が増えるに従って、彼らの苦労に応えられるよう、徐々に「地方創生」の動きを加速するような手法のあり方について模索するようになった。

これまでに存在しなかった、社会の仕組みを抜本的に変革していくような何か斬新なアプローチはないだろうか。

あれこれと対策を考えているうちに、地方が直面している問題は、実は私がこれまで向かい合ってきた途上国の問題と極めて似ていると考えるようになった。

途上国は常に資金や人材の不足といった開発課題を抱えている。人口は増加しているが、教育・訓練を十分に受けた人材は決定的に乏しいのである。これこそ、税収不足で財源および働く世代の減少に悩む地方が抱える課題の構図と同じではないか。

途上国と共通する開発課題を抱えて、我々はこれからのまちづくりやインフラ整備をどのように進めていくべきか。

私が国際協力を通じ実施してきたＬＢＴなど住民参加型の開発プロジェクトの事例

は、国内でまちづくり事業をするうえでも参考になるのではないか。途上国で身に付けた経験が地方創生へも活かせることに思い至った。

開発プロジェクトとは、その状況に対処しながら有効な解決策を導き出し、それを実行していくための手段である。一つのプロジェクトを立ち上げるには、多くの人たちが携わり、さまざまな角度からプロジェクトの有効性を検証し、実現化を図っていく。本書は、その手法の流れに基づき課題の整理と解決手法の提示を行うものであり、まちづくりの指南書を目指したものである。

また、副題に「アフリカから学ぶ」とあるように、私の途上国における経験を踏まえ、住民参加による、これまでにない全く新しい観点から、具体的に地方創生に有効な事業提案についても試みたい。

現在私たちは、地方創生という新しくも厳しい課題に直面している。このような局面だからこそ、独立後に数々の苦難を克服してきたアフリカの知恵と経験から学ぶべきことが多いと思う。

本書では、まずは日本が現在直面しているグローバル化および人口減少の局面について整理する。続いて、地方創生を考える際の参考事例として、途上国を題材に取り上げ、その国づくり、インフラ整備の現状、および整備課題の整理を行う。

さらに、その中から地方創生を考えるうえで特に注目すべき工法として、住民参加型のインフラ整備工法であるＬＢＴに着目し、途上国への導入経緯や事業効果について詳しく調べてみたい。

これにより、途上国同様に厳しい財源の下にある国内の地方部を対象とするまちづくりのための有効手段として、ＬＢＴの国内適用の可能性について検証を行い、それによって多様な観点からその適用方策について提言を行う。

地方創生は待ったなしの最終局面を迎えている。地方創生の取り組み方の優劣が、地方における勝ち組と負け組をはっきりと際立たせるであろう。

読者の皆さんも是非本書を通じて、まちづくりに対する地域力ともいえる柔軟な思考と実践力を養い、住民自らが主役となるよう地方創生に向けて第一歩を踏み出していただきたい。

まちづくりの現場を活気ある、風通しの良いものにするのは、陽気でしたたかなアフリカの知恵と、住民主役の発想で取り組む皆さんの「地域力」そのものにある。

拓殖大学国際学部　教授　徳永達己

目次

第5章　「LBTによる地方創生」実は身近に根付いていたLBT

第 1 章

「地方創生待ったなし！」

地方が抱える深刻な課題と現状

グローバル化にともない、海外や途上国と日本の関係はより緊密になってきており、地方も例外ではない。第１章ではグローバル化と日本、そして地方の生活はどのように関連し合っているのか、その背景と現状について詳しく見ていきたい。

加えて、地方創生の舞台となる国内地方部の実情を理解するため、地方活性化に向けた取り組みにも触れたい。

グローバル化時代における日本の立場と期待される役割

現在は、「グローバル化の時代」が到来したと喧伝《けんでん》されて久しい。確かに、インターネットやスマートフォンに代表される情報通信技術（ＩＣＴ）の発達により、地球の裏側で起こった出来事も瞬時に分かるようになり、便利にはなっている。

多くの人は日常生活において、それほど大きな社会的変化を実感することは少ないかもしれない。しかし、好むと好まざるとにかかわらず、我々日本と海外の国々との結び付きは、無意識のうちに極めて太く、かつ縦横に結ばれて緻密なものとなっている。

例えば、日本の食料自給率はカロリーベースで約４割、海外依存度は約６割にも及んでいる。さすがに米の国内自給率は１００％を維持しているものの、砂糖などの私たちの食卓に欠かせない調味料、小麦粉、肉類や魚介類の多くは輸入食材であり、味噌や醤油を作る原料の大豆、焼酎の材料（主に芋や麦）でさえ9割近くは輸入材だ。

原油、鉄鉱石といった資源も同様であり、産業分野における資源の依存度も一様に高い数値を示している。

資源がない日本にとって、資源を海外に依存する産業・社会構造自体は以前から変化していないが、グローバル時代の特徴は、食材や資源に対する依存度がより高まっていること、さらには、海外の国々の経済の景気や動向が直接的、間接的に及ぼす影響の度合いが大きいことにある。

製造業について見ると、海外生産比率および海外売上高比率はそれぞれ4割の水準に近付いており、日本の生産活動の半分近くは海外からの影響を受ける構造になっている。円高や円安といった為替の変動が国の経済や企業の収益に敏感に反応するように、グローバル化は、我々の日常生活にも確実に影響を与えている。

直近なところでは、中国経済の冷え込みにより、鉄鋼石の輸送に要する船舶・タンカーの輸送量が減少したり、国内プロジェクトの減少から建設機械の売上額も低下したりしている。

一方では、中国に加え、韓国、台湾、香港の4カ国・地域を中心とするアジア諸国の富裕層から成るインバウンドと呼ばれる訪日客が急増している。2016年は初の年間2000万人を突破し、観光地やホテルやサービス業など関連産業は大いにこの恩恵を受けている。新興国の経済が冷え込みつつある中、個人の消費はいまだ堅調であり、経済を理解するうえで海外の動きから目が離せなくなっている。

このように、グローバル社会における海外諸国とのつながりは今後もますます太くなっていく。それは、欧米などの先進国だけではなく、中国やインドといった新興国、そして、途上国と呼ばれる多くのアジアやアフリカの国々との関係も例外ではない。「風が吹けば桶屋が儲かる」の例えもあるが、グローバル化がもたらした関係性はより錯綜《さくそう》・複雑化しており、たとえ一国の経済・社会の動向といえども、ほかの国や地域に与える微妙な影響は決して小さくはない。

以前、海外事業にも詳しいビジネスマンとアフリカにおける国際協力の話をしていたところ、彼は「日本がアフリカへ援助する必要性は全くない！」と断言していた。

確かに国際協力によって日本が得る利益について、国民の理解が必ずしも十分でないことは認めよう。しかし、トヨタ、日産、ホンダなどの車輌、ヤマハ、カワサキなどのバイク、あるいはブリヂストン、ヨコハマタイヤといったタイヤメーカーなど、日本がアフリカ人に与える印象は極めて強い。実際アフリカでは日本車・バイクを本当によく見かけた。タンザニアなど東アフリカの場合、走っている車の9割は日本製だといわれている。最近では、安価な中国や韓国のメーカーに多少押されつつあるが、日本製の電子機械や音響機器に対する憧れも依然として強い。

私は長らくアフリカの道路開発プロジェクトに参画していたが、「これだけたくさんの車を日本から購入しているのだから、日本がアフリカの道路を建設するのは当然だ。利益還元の一環であろう」程度に考えている現地の人も実際に多かった。

向こう側に言わせれば、我々はアフリカのビジネスを通じて彼らから大儲けをしている存在として映っている側面もある。政府開発援助（ODA）などを通じてアフリカの開発を支援することは、彼らの感覚からすれば至極当然なビジネス行為として見られているのかもしれない。

いずれにせよ、経済・社会基盤が脆弱《ぜいじゃく》な途上国もすでにグローバル化の流れに取り込まれており、日本もその影響をまともに受けている。このような情勢の中にあって、日本がグローバル化の現象や地域の安定化に無関心であることはできないし、これまで以上に地域に与える影響、あるいは安定性といった観点にキメ細かに配慮していく必要がある。

これが、グローバル化時代における日本の立場であり、途上国などから期待されている役割にほかならない。

グローバル化とは何か

日本はグローバル化の流れの真っただ中におり、もはや、その関係性は切り離すことはできない（もちろん日本だけではないが）。グローバル化は、これからの日本の施策や取り組みを考えるうえで、常に念頭に置かなくてはならない前提条件である。

さて、日本の経済社会の展望と今後の課題についてキーワードを整理してみたい。我々が直面している課題としては、少子高齢化、増加する地震や自然災害、保健医療や介護の経費も増大しており、人口減にともなう税収不足やこれまでの公共投資などに費やされた累積する赤字国債による債務などが主なものとして挙げられる。

経済社会の基盤を支えるインフラについて目を転じてみると、人口衰退にともなう都市地域構造の見直し、老朽化するインフラ施設の修繕や維持管理、そしてこれらの事業を実施運営するための資金源の確保、最近の話題としてはＩｏＴ（モノのインターネット化）や、ＡＩ（人工知能）なども含まれるであろう。いずれも、喫緊に、そして長期的に腰を据えて対応すべき事項である。

さらに、人口減少による活力低下の影響を最も直接的に受けるのは大都市ではなく地方の自治体である。上述した課題に加えて、新たな自由貿易圏の枠組みであるＴＰＰ（環太平洋経済連携協定）の成否により、地方の主要産業でもある農業の保護と改革を同時に進めていく必要があるだろう。

こうしてみると、日本の経済社会は先行きが非常に不透明であり、暗い話題が先行しているようだが、明るく景気の良い話も少なからずある。まずは２０２０年の開幕を控えた東京オリンピック、東京と名古屋を1時間足らずで結ぶリニア新幹線の整備、先ほど紹介したインバウンドと呼ばれる訪日客の旅行者や消費額の増大などは地方の活性化にとっても好材料だといえよう。

グローバル化がもたらすさまざまな現象に敏感に反応しつつ、その波をうまく乗りこなしていくことが、これからの日本経済にとって求められており、地方が置かれている立場もむろん例外ではない。

グローバル化とは、いわばハンディを取り払った弱肉強食の競争社会にほかならない。中国やインドなど価格競争力のある新興国の市場参入に加え、減少しつつある人材や雇用者の確保に努めねばならず、生き残りを懸けた厳しい環境はよりその深刻さを増していくことであろう。

地方創生とは何か

現在、国内の主要課題として地方部における人口減少が大きな課題として認識されている。2014年5月に発表した元総務相の増田寛也氏の報告によると、「2040年に、523に及ぶ市町村が消滅する」とされている。そこで、近い将来に多くの自治体が機能不全に陥ってしまうとした予測も受け、政府は「地方創生」を掲げて新組織の発足、ビジョン策定に着手している。

安倍晋三政権は早速地方創生のテーマを政権の看板政策として掲げた。地方創生相の閣僚ポストも新設し、初代大臣として自民党幹事長であった有力政治家の石破茂・衆議院議員を配置した。安倍首相も「あらゆる地方政策に関する権限を集中し、大胆な政策を立案実行する司令塔」と位置付けている。

増田氏の問題提起から2年後となる2016年5月20日、政府は地方創生の新たな基本方針の素案である「まち・ひと・しごと創生基本方針2016」を公表している。

その内容は次の六つとなっている。

①『ローカルアベノミクス』で地域に『しごと』を創る。

②地域観光の司令塔となる『日本版DMO(Destination Management/Marketing Organization:観光客を誘致するため、地域の観光のマネジメントとマーケティングを一体的に担う組織)』や、地域産品の販路開拓を担う『地域商社』を各地に展開する。

③地域の中小企業によるIoT活用を支援する仕組みや、中小企業の持つ技術の事業化をサポートする『日本型イノベーション・エコシステム』の構築。

④地方への新しい『ひと』の流れを創る。
⑤『地方拠点強化税制』の企業による利用促進や、政府関係機関の地方移転などを着実に進める。
⑥東京圏で学ぶ学生が、若者の転出が多い地域の企業でインターンシップを行う機会を、産官学の連携によって提供する。

このように華々しく幕開けした「地方創生」であるが、起爆剤として期待された中央官庁の地方移転は、現段階では文化庁の京都移設しか具体的な成果を上げておらず、関心も薄れつつあるようだ。

地方創生の実態と課題

地方創生を実現化するための手段として導入されたのが、2014年度より始まった「地方創生加速化交付金（地方創生交付金）」である。これは、地方を支援するため自由に使える財源として国から地方に配られるものであり、これまで総額2700億円が全国の自治体に配られている。しかし、NHKの報道（『検証・地方創生 交付金のゆくえ』）によると、交付金は必ずしも有効に使われていない事例も確認されている。

地方創生交付金は、観光振興や産業育成、それに、移住の促進など、さまざまな事業に使われる。その際、国は、交付金が単なるばらまきに終わるのを防ぐため、事業の効果を検証する仕組みを導入した。その柱となるのが、自治体に経済効果や人口増加といった数値目標を設定させることである。

しかし、内閣府が先進的事例として紹介する75の事業についてNHKの調査によると、自治体が自ら設定した目標を達成できたものは28の事業、37％に留まっていることが判明した。

内閣府地方創生推進事務局では、「〝地方創生〟は人口減少問題という難しい問題に対応するものなので、1年や2年で簡単に成果が上がるとは思っておらず、試行錯誤する中で失敗事例が出るのはやむを得ない。各自治体が失敗から学び成功につなげられるよう支援していきたい」と現状について分析している。

国は、失敗する事業を減らすため、2年目以降、地方の提案を事前に審査する仕組みを本格的に導入した。審査では、交付金を利用して新しい名産品を作り出したり、多くの観光客を呼び込んだりすることができるか、さらには将来、交付金に依存しなくても事業として成立する見込みがあるかどうかなどを厳しく精査していく方針である。

国は今後も毎年1000億円規模で交付を続けていく方針であるが、地方における整備課題は、雇用や少子高齢化をはじめとして多岐にわたっており、社会、文化、福祉など対象領域も広大かつ、問題構造も多層的である。国の音頭取りで始まった「地方創生」であるが、勇ましい掛け声とは裏腹に、地方はまだ流れにうまく乗りきれておらず閉塞感も漂っているようにも感じる。

それでは、鳴り物入りで導入された政策である「地方創生」の舵取りはなぜうまくいっていないのだろうか。

まず一つ目は、首相が「選挙のための地方対策」との批判を恐れ「バラマキをしない」として、十分な予算編成を組めないことが理由だといわれている。横断的な事業実施を図るうえでリーダーシップの欠如により旗振り役が機能しないようでは、その効果は期待するまでもない。

次は、「地方創生」の政策自体が具体的な目標を掲げていないことだ。NPO法人FRI & Associates理事長の清水知輝氏は、「抽象論では地方は再生しない」と述べている。「地方創生」で重要なのは、産業振興による雇用の創出であり、それによる人口維持あるいは増加を目指すことなのにもかかわらず、そのゴールである到達目標と成果を図る指標を示し得ていない。戦略だけでは物事は変わらない。特に地方では戦略を実行に移すための機動力が不足している。そのためには、戦略をより具体的な方法や手段として提示し、必要に応じた支援策を講じることが重要であると述べている。

そして最大の理由は、地方創生のビジネスモデルとなり得る理想的な形態、事例、いわゆる「カタチ」が形成されていないことではないだろうか。

それぞれの地域に適した地方創生の望ましい「カタチ」を明示できていないことにより、現場では混乱が生じている。地方にとっては、イメージすることさえ困難な、これまで全く未体験の領域で初めてのことにチャレンジするのである。そのためには、明確に設定された事業方針と目標に加え、実証的に効果が裏付けされた具体的な方法論を確立することが求められている。

まちづくりでは、事業化にあたり「仕掛け（方法）」と「仕組み（制度化）」を組み込んでいく作業が重要だといわれている。地方創生とは単発のイベント企画ではなく、この仕掛けと仕組みを兼ね備えた事業を持続性のある「カタチ」として作り上げることにほかならない。

地方創生に向けたまちづくりの取り組みあれこれ

地方創生に向けた新しいカタチづくりについて考えるために、これまでに行われてきたまちづくりの事例を通じて、さまざまな地方活性化方策の内容と取り組みについて検証してみたい。

これらまちづくりの事例の多くは、地方創生事業が始まる２０１４年以前から実施されているものである。特に地方創生事業の先駆けとして、地方創生を構想するうえで大きな影響を与えたものに加えて、最近着手したばかりであってもユニークなものも含めた。

どのまちづくり事例も地方創生のあり方を考えるうえで、示唆に富んでいる。各事例は取り組み内容に応じ、①働く、②住まう・育てる、③起業する、④支援する、⑤巻き込む（人を引き寄せる）といったまちづくりを構成する五つの基本的な活動項目に分類した。

事例①働く――地元産業支援、企業誘致、一村一品活動

地方に定住者、特に若い働き世代を増やすには、就業機会を増やし、そこに仕事が存在することが何より前提となる。

雇用を増加するには、地場産業の育成、大都市や外資による企業の誘致、起業家支援などの政策が考えられるが、とっさに思い浮かぶような対策は、行政もすでに手を打っている。

産業政策は、アベノミクスなど国の施策と綿密に連動している。裾野が広いインフラ産業や中小企業の海外進出・輸出促進といったところが、地方経済にも関係しているが、今のところ目覚ましい成果は上げていない。

その中で、これまでに大きな社会的インパクトがあった動きが、平松守彦元大分県知事が考案した「一村一品運動」である。平松元知事は、柔軟な発想と大胆な行動力で、大分の名産を世に送り出し、地域のブランド化を図った。今でこそ、「地域のブランド化」という表現を使うが、その用語を定着させ、地域の潜在的な価値を引き出し、磨きをかけたのが、一村一品運動だったといえる。

平松元知事は、１９７９年の知事初当選後、「脱ヨダキイズム（よだきい＝面倒くさいという意味の大分地方の方言）」と称し、「市町村ごとに〝顔〟になるものをつくる」として、全国展開を図った。

全国・世界に通じる物を作る、という目標を掲げ、自主的な取り組みを尊重し、行政は技術支援やマーケティングなどの側面支援に徹することにより、自主的に特産品を育てることができる人や地域を育てる「人づくり」「地域づくり」を積極的に行った。また、付加価値の高い特産品を生産することによって、農林水産業の収益構造の改善を目指した。

一村一品運動は、大分県内に、シイタケ、カボス、ハウスミカン、豊後牛、関あじ、関さば、大分麦焼酎など、日本全国に通用する多くのブランドを生み出している。現在では、特産品の品目は336に上り（うち、年間販売額が1億円以上の産品131品目）、生産額は総額で1400億円にも達している。

この運動は、日本国内のほかの地域のみならず、国際協力機構（JICA）や青年海外協力隊の活動を通じてタイ、ベトナム、カンボジアなどのアジア各国に加え、マラウイなどアフリカの国々にも広がりを見せている。

例えばマラウイでは2003年、一村一品運動に共感した当時の大統領が、国家プロジェクトとして一村一品事務局を設置した。各県に一村一品担当官を配置し、一村一品のコンセプトを全国に発信していった。現在では、マラウイの生産者グループは100を超え、一村一品運動に携わる人は2万8000人以上に達している。毎年行われるマラウイ国際見本市には、地域の特産品である一村一品商品がずらりと並ぶという。

このように、一村一品戦略は、地域にしかない作物、地域が誇れる物品を掘り起こし、付加価値を付けて商品化を図っていくものである。そして、商品のブランド化を進め、商品価値を高める過程を通じて、地域の誇りを呼び覚ましていく。

日本貿易機構（ＪＥＴＲＯ）では、途上国の一村一品活動を支援するため、「一村一品キャンペーン」を実施している。その一環として、製品の日本市場への参入・販路拡大の支援を目的に、途上国の雑貨、ハンディクラフト、加工食品などの商品を紹介するアンテナショップとして成田空港と関西国際空港に「一村一品マーケット」を設置している。

そこには、イエメンのコーヒー、カンボジアのブックカバー、ニカラグアの松葉カゴなどが陳列されている。このように、大分から始まった一村一品活動は、世界中に大きな広がりを見せている。

平松元知事は、残念ながら２０１６年に他界されたが、国内外に広がった「グローバルに考え、ローカルに行動せよ」という同氏の教えは、むしろこれからの地方創生を考えるうえで意義深い。

事例研究②住まう―― 定住化支援、空き家対策

地方創生の最も大きな課題は、地域の魅力を高めることにより、定住人口を増やすことである。その観点から定住化支援は地方創生の効果を高めるうえで極めて重要な手段となる。

適切な定住化支援、廉価な居住施設の提供は地方創生が成功するためのカギを握っているともいえるが、実際には人口減少にともない、空き家も多く発生しているのが実態だ。地域の空洞化を招くこれら空き家の増加は、今後より深刻な社会問題となることが危惧《きぐ》されており、定住化支援とともに将来へ向けた対応策を緊急に講じることが求められている。

それでは、地方における定住化支援および空き家対策の事例をそれぞれ見てみよう。

まず、定住化支援の事例として紹介したいのが、長野県下伊那郡下條村である。下條村については、本書の第4章で住民参加型のインフラ整備を進める事例として詳し

く取り上げるが、長野県の南部、天竜川の川沿いに位置する人口4000人弱の小さな村である。

この村が「奇跡の村」と呼ばれ脚光を浴びているのは、積極的に財政の健全化を図ったことと、1998年より現在に至るまで高い合計特殊出生率をキープし、子供の数を増やしたことから、行財政改革の成功事例として注目されたためである。

下條村が行財政改革のために導入した成功事例はいくつかあるが、そのうちの一つが若者定住促進のための各種施策である。

下條村は、職員の削減や、後述するように公共事業費の削減化を図り、その分の予算を若者定住促進の村営集合住宅「メゾンコスモス」の建設に回し、10棟124戸を建てた。村営住宅は2LDKで約20坪、家賃が月3万4000円、隣の飯田市内の民間アパートの約半分の安さで車2台分の駐車スペース付きである。

そのほかには、医療費や保育料の無償化や出産祝い金の支給など子育ての支援策も手厚く、子育てがしやすい環境整備を図っており、村営住宅も入居者はほぼ満室の状態が続いている。

また、国の補助金を活用せずに建設したことから、国や県に縛られず、村が独自に入居基準を設定している。入居基準は二つ。一つ目は「子供がいること、あるいはこれから結婚する予定の若い人」、二つ目は「祭りなど村の行事への参加や消防団への加入」である。このため、若い人は、村に溶け込む覚悟を持って入居しており、住民たちも外から移住してくる人たちを温かく受け入れる体制が整っている。

次は地方で問題化している空き家の活用状況について説明したい。まずは空き家の状況について確認してみよう。

下條村の集合住宅「メゾンコスモス」

住宅・土地統計調査が始まった1963年度には全国の空き家率は2・4%だったのに対し、2013年度には13・5%にまで増加している（**表1**）。

今後も空き家率は増加していくと予想され、野村総合研究所の『総住宅数、空き家数および空き家率の実績と予測結果』によれば、このままでは2033年には30・2%にまでに及ぶと推定されている。放置された空き家は建物の老朽化が進み、倒壊の危険性や治安の悪化、放火の誘発や不審者の侵入、景観の悪化など、さまざまな問題を起こす原因となっている。

管理が難しい空き家ならば、取り壊す

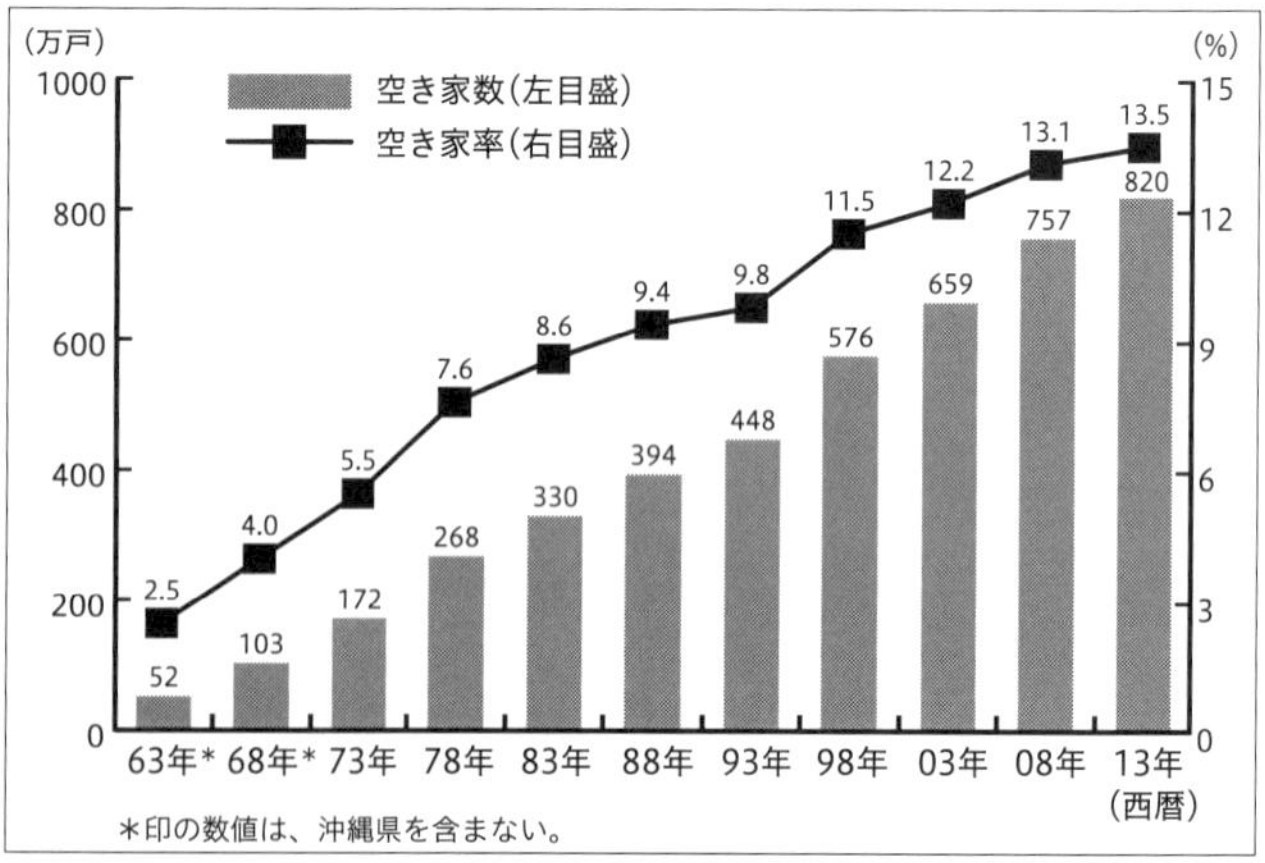

表1　空き家数および空き家率の推移―全国(1963年〜2013年)
総務省統計局「住宅・土地統計調査結果」より作成

べきであるが、現状として日本の税制では、土地に対する固定資産税は住宅が建っていたほうが更地の場合の6分の1で済むことなどが起因し、空き家が増え続ける要因となっていた。

日本における空き家が深刻な社会問題となり、空き家対策として空き家管理条例が施行され、危険な状態な建物については速やかに撤去していくこと、まだ使えるものについては利活用を促していく措置が講じられるようになっている。前者については空き家所有者に対し指導、勧告、命令、行政代執行を行うことができるとする条例を定める自治体（2014年4月で全自治体の約6分の1にあたる355の自治体が条例を制定）が増えている。

このため、2015年より空き家対策特別措置法が施行され、市町村による行政代執行により解体の通告や強制対処が法的に可能となった。空き家対策の方法は、①売却、②借家、③贈与（寄託）、⑤解体に大別され、その流れを整理したものが空き家対策の流れ（**図1**）である。

空き家利活用の促進については、不動産業者による中古住宅の流通の促進および空き家バンク制度の利用が一般的となっている。空き家バンクは自治体など公的主体により、空き家に関する情報を収集・登録し入居希望者へ情報を提供するサービスである。

木造家屋が多い日本の住宅市場においては、新築物件が販売の中心となっており、今後は、欧米の住宅市場のように耐久性の高い家屋の建築、世代を超えて長期間活用していけるような構造に変えていく必要もあろう。

中古住宅を取得する際のインセンティブ

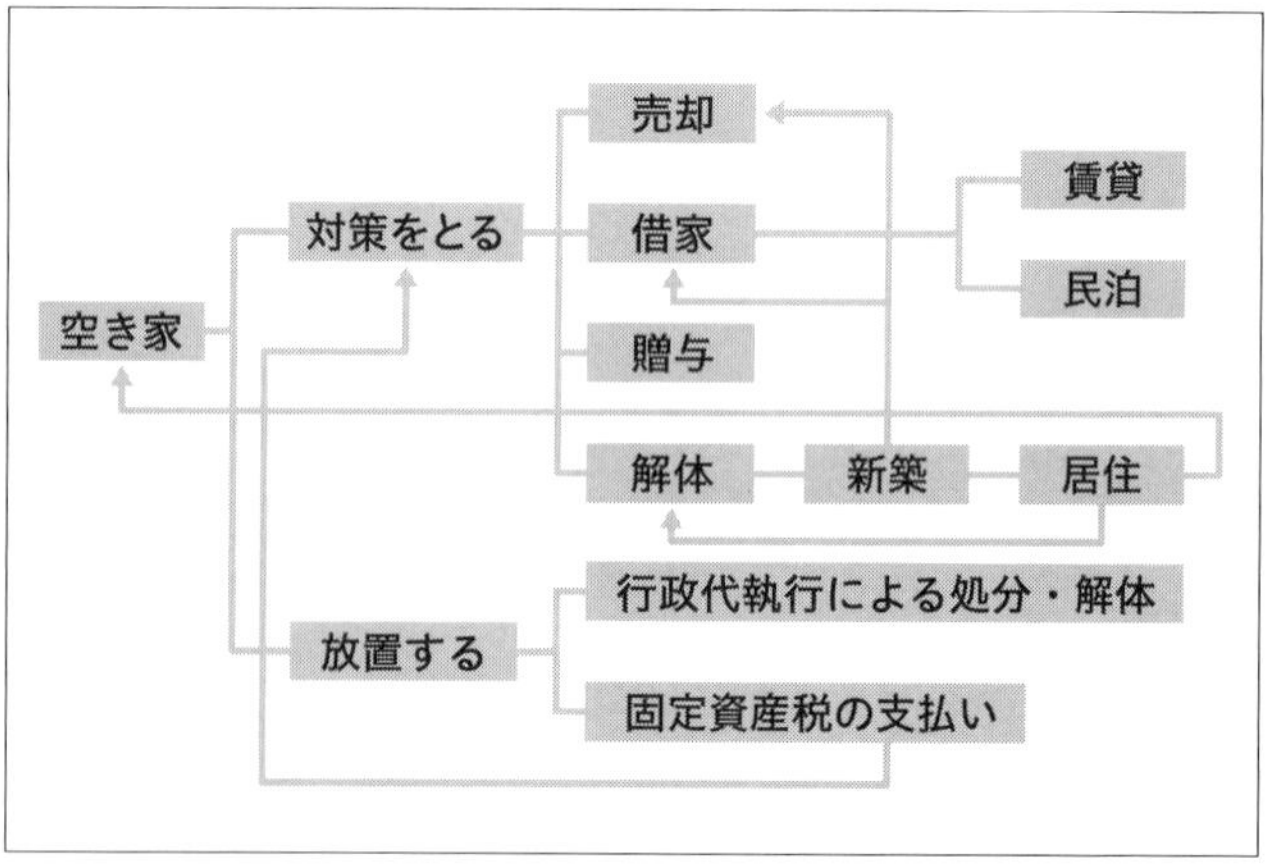

図1　空き家対策の流れ

を増やすことにより取得者を増やせば、長期的に見て根本的な空き家対策につながるものと考えられる。

現在の日本で空き家活用の成功例は極めて少ない。その中でも大きな成果を上げている事例として、広島県尾道市で活動するNPO法人「尾道空き家再生プロジェクト」の事例を紹介したい。

尾道市は瀬戸内のほぼ中央、広島県の東南部に位置する。大半が山地で、島しょ部は概して急峻《きゅうしゅん》で平地に乏しく、平地は尾道水道・御調《みつぎ》川沿い・島しょ部の海岸沿いに形成されている。また、国立公園である瀬戸内海は多くの島々からなる独特の景観を有しており、海・島と山地、丘陵が織りなす多様で豊かな自然と歴史ある文化は尾道市の特徴である。

しかし、尾道市の空き家率は空洞化と高齢化の影響もあり、全国を上回る18・42％（2013年度）にも及び、駅から2キロ圏内の昔ながらの地区（斜面地含む）に500軒以上の空き家がある。

急斜面で寺社も多い山手地区は、明治・大正期から栄えた地区であり、魅力ある木造建築も多く、建築的な価値が高い物件も含まれている。しかし、地理的な制約から接道部分などが現在の建築基準法では新築に建て替えられないこともあり、空き家が急増している。

プロジェクトは2008年の発足以降、これまで約100軒以上の空き家を再生し、150人以上の移住者を招き入れている。団体の特徴は移住者に寄り添ったサポート体制にある。活動は、①尾道市と協働した「尾道市空き家バンク」の運営、②空き家探しから購入、セルフリノベーションの全面サポート、その過程をSNS(ソーシャルネットワークサービス)やブログで発信、③移住者が尾道に住みながら短期から長期まで暮らしを体験しつつ、物件探しもできるようにとゲストハウスとシェアハウスの経営、④リノベーションを職人から教えてもらえるワークショップ「尾道建築塾」の企画、工具・器材の貸し出し、引っ越しやリノベーションの手伝い、人員の派遣、リノベーションにかかる費用を補助する市などの補助金の紹介、となっている。

尾道市の空き家活用に向けた取り組みが効を奏している理由は、行政任せにせず、住民が主体のＮＰＯという市民団体により進められたところにある。行政の目が届きづらい移住者の不満や疑問に対して、ＮＰＯが的確に対応しているところが特筆される。

プロジェクトの理念は、空き家の再生による地域コミュニティの活性化である。古い物件を使い手がリノベーションをして現代に再生させ、それによる集客効果により地域も活性化していく。

プロジェクトの五つの柱は、①建築、②環境、③コミュニティ、④観光、⑤アートの視点から空き家再生に取り組むことである。

豊田雅子代表は、「これまでは仕事で海外を飛び回り、美しい街並みが保全されているのを見てきた。近年、尾道では再開発などで古き良き街並みが失われている。そこで、空き家再生を通じて尾道の街並みの賑わいを復活し、地域コミュニティの再生を目指した活動をしています。尾道は歴史・

NPO法人「尾道空き家再生プロジェクト」代表の豊田雅子さん

文化的に新しいことに関心を持ち、新しく来た人を温かく受け入れる風土がある。これからもさまざまな企画などに挑戦していきたい」と語る。

さらに、「うれしいことに、地元の尾道市立大学の学生、アーティスト、モノづくり系の職人さんなど若い世代にも熱が伝わり、新しい感覚で尾道らしさを再発見してもらっています。〝坂道の暮らし〟を通じて、地域の理解を深め、活動の領域と幅を広げていきたい」と、今後の抱負を述べている。

事例③起業する——地域おこし協力隊の活動

「都会を離れて地方で生活したい」「人とのつながりを大切にして生きていきたい」「自分の手で作物を育ててみたい」などのさまざまな理由から、豊かな自然環境や歴史、文化などに恵まれた「地方」に注目している都市に住む人たちを対象とした地方活性化事業の一つが、２００９年度に発足した「地域おこし協力隊」の制度である。

この制度は、人口減少や高齢化などに悩む地方自治体が都市住民の受け入れを委嘱するものである。これにより、農林漁業の応援、住民の生活支援などの「地域協力活動」に従事してもらい、併せてその地域への定住・定着を図りながら、地域の充実・強化を目指す取り組みである。

募集は、各地方自治体によって行われ、選考（書類審査、面接など）の結果、採用が決定する。これにより、おおむね1年以上3年以下の期間、地方自治体の委嘱を受け、地域で生活し、各種の地域協力活動を行うことになる。活動内容は非常に多様であり、その内容は地域ブランドや地場産品の開発、販売、PRなどの地域おこしの支援や農林水産業への従事、住民の生活支援などとなっている。

自治体により待遇は異なるが、給与と活動費（隊員1人につき400万円上限＝報酬など〈上限200万円〉＋活動費〈上限200万円〉）が与えられるほか、協力隊の最終年次、または任期終了翌年に起業する人へ「起業に要する経費として」、1人あたり100万円を上限に支給が可能になっており、地方で起業を志す人には心強い制度である。

地方創生の一環として、安倍首相も3000人参加目標の数値を掲げるなど注目も集まっている。実際に協力隊としての任務終了後、地域に定住して起業したり、地域づくりの実践活動に携わったり地域をリードする人たちも増えている。２０１２年度の最初の協力隊の３年の任期が終了し経験者のアンケートを取ったところ、定着率は６割に及んだというデータも示されている。２０１５年３月時点の受け入れ自治体は４４４団体であり、１６２９名が隊員として活動している。

それでは具体的な事例として、実際に岩手県花巻市で地域おこし協力隊員として活躍する佐藤敦さんの活動を見てみよう。

岩手県花巻市は、岩手県のほぼ中央に位置する。西に奥羽山脈、東に北上高地が連なり、その間には肥沃《ひよく》な北上盆地が広がる、豊かな自然に恵まれたまちである。総面積は９０８・32平方キロで、人口はおよそ10万人。宮沢賢治（童話作家・詩人、１８９６―１９３３）や萬《よろず》鉄五郎（画家、１８８５―１９２７）など、世界的に知られる先人を輩出し、「いわて花巻空港」をはじめ、東北新幹線や東北自動車道など交通インフラも充実している。

しかし、花巻市を構成する花巻、大迫《おおはさま》、石鳥谷《いしどりや》、東和の四つの地域では、それぞれに中心市街地の空洞化、後継者不足による主要産業の縮小、少子高齢化や人口減少による地域の活力減退といった課題がある。

これらの課題を解決するため、花巻市では、都市地域の意欲ある人材を積極的に受け入れ、各地域の課題解決に新しい目線から取り組みを進めるため、「イーハトーブ地域おこしプロジェクトチーム」として地域おこし協力隊の募集を行っている。

花巻市内石鳥谷地区の商店街の活性化のための活動や地域課題解決に向けた活動を行う隊員として、佐藤さんは同じく隊員となった安部薫さんとともに2016年4月1日に花巻市役所に着任した。佐藤さんらの着任により、すでに花巻市に居住しながら各地域での活動を行っている5人に加え、15年度に採用決定した隊員7人が全員揃った。

佐藤さんらは石鳥谷地域の中心市街地の活性化や賑わいの創出を活動テーマとしながら、それぞれの目線で見つけた花巻の良いところをSNSなどの媒体を利用して全国に情報発信していく。

役職は市非常勤職員、任用期間は、着任日より原則3年間となっている。佐藤さんの主な活動内容は、①商店街で運営している店舗のサポート、住民のニーズ把握、②

商店街で実施しているイベント・事業への参画（企画・運営）、③地域の特産物の開発、掘り起こし、④商店街活性化、空き店舗活用など、地域活性化に関する研修会などの開催、の四つである。

佐藤さんは、「外部者のコミュニティへの介入は、ただでさえ〝よそ者が来た〟というだけで身構えてしまいがちです。そこで、まず〝私はどういう人間なのか〟を知ってもらうことが大切です。年齢や性別を問わず多くの人々から学ぼうとする姿勢、すなわち〝時間的・空間的に多様な人々に触れる〟姿勢を大切にしたいと思います」と語っている。

さらに、「なぜなら、自分の経験や地位にとらわれない観察眼と発想を得るには、一つの事例でも多角的に観察する必要があるからです。これらの活動を通じて人間同士の相互的な関わりを促進したいと思います」と述べている。この仕事は地域へ溶け込む順応性と地域の魅力を引き出していくための柔軟な発想力が求められるようだ。

花巻というと南部杜氏《とうじ》による清酒作りやブドウ栽培でも有名である。さまざまな地域の強みを発揮しながら、いかに地元商店街の賑わいを取り戻していくのか、佐藤さんたちの熱い活動は始まったばかりであるが、今後の展開には大いに期待がかかる。

事例④支援する――ヨコハマ市民まち普請事業「下《しも》和泉《いずみ》湧水《わきみず》を守る会」の活動

「ヨコハマ市民まち普請事業」とは、市民が地域の特性を生かした身近な施設の整備を、自らが主体となって発意し実施することを目的として、整備に関する提案を公募し、横浜市が整備の支援を行う事業である。一年を通して行われる、2段階の公開コンテストを通過した提案に対して、翌年度上限500万円の整備助成金を交付するなど市民が主体となった整備の支援を横浜市が行う（**図2**）。コンテストへの挑戦や施設整備の工事、維持管理を通じて地域コミュニティの活性化が図られ、シビックプライドが醸成されている。

このまちづくり事業の特徴は五つである。

①ソフト面（活動）の助成ではなく、ハード面（整備）の助成であること。

②助成金の助成率を設定しない代わりに、市民に助成額を超える部分の整備に要す

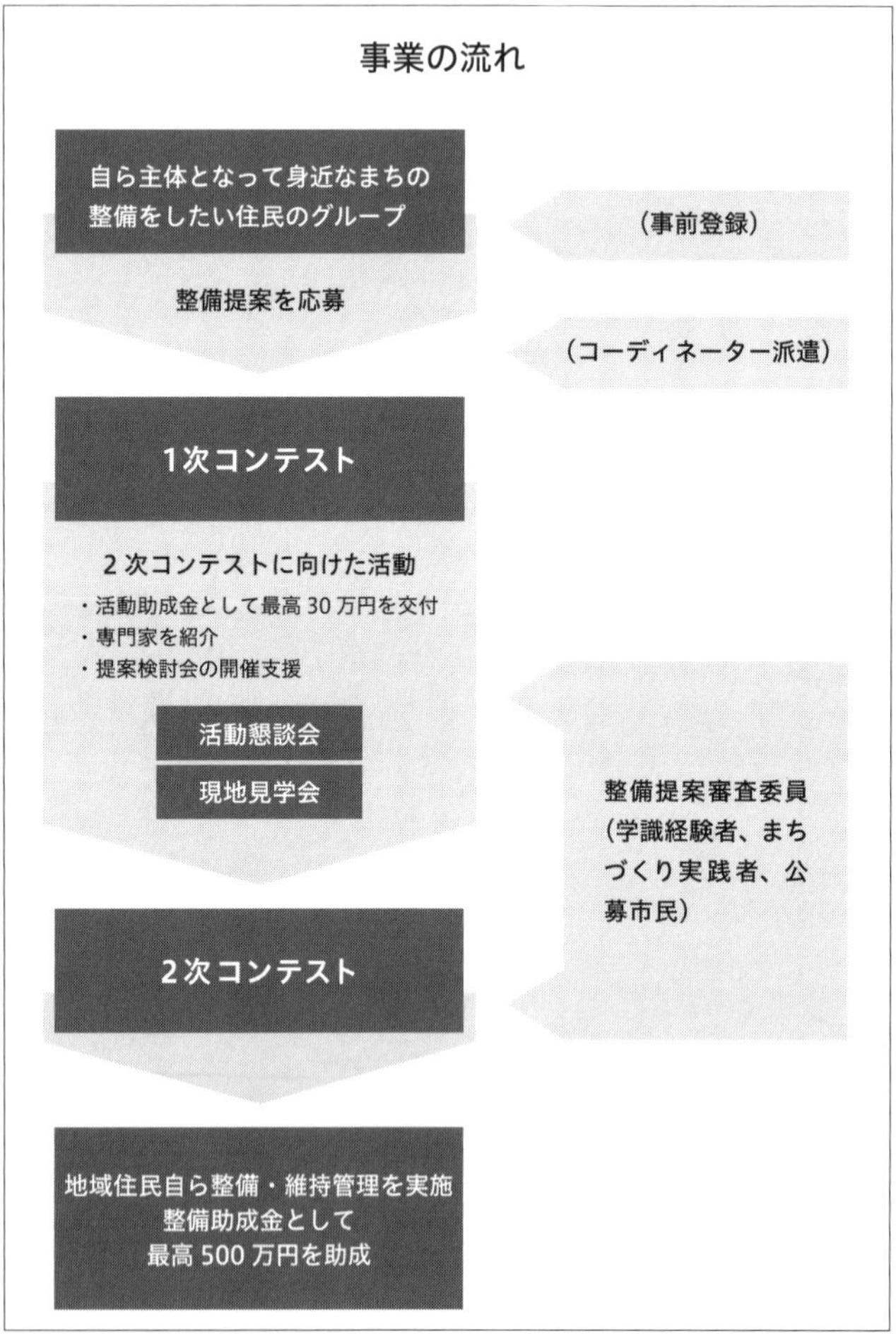

図2　「ヨコハマ市民まち普請事業」の流れ
出典：横浜市都市整備局ヨコハマ市民まち普請事業

る費用、整備における労力および整備した施設の維持管理などの負担などを求めていること。

③多様化する市民ニーズに対応し、整備分野を限定していないこと。

④1次コンテストを通過した提案グループに対し、行政との話し合いの場づくりや検討内容の熟度を高めるための活動費用などを支援し、そのうえで2次コンテストを行うという2段階の選考システム。

⑤コンテストでは、選考のプロセスすべてを公開し、公平性、透明性、公開性を確保していること。

この事業では、市民に身近なまちの整備に関するアイデアを出し、共感する人を集め、議論、計画づくり、合意形成、整備、維持管理まですべて自分たちの手で取り組み、市はそれらを市民が主体となって実現できるようサポートを行っていくものである。

この「ヨコハマ市民まち普請事業」は、2005年に始まりすでに10年以上の実績がある。事業開始から2016年度までに141件の提案があり、このうち44件の施設(ハード)整備が審査で選考され施工が行われている。2次コンテストでの審査基準は、①創意工夫、②実現性、③公共性、④費用対効果、⑤地域まちづくりへの発展性となっており、計画や参加者の思い入れと行政や地域(周辺)とがかみ合っていることが重要である。

これまでの整備分野を見ると、①住民の憩いの場となるコミュニティカフェの建設、②商店街や団地地域の活性化事業、③地域の教育・歴史文化活動・福祉・防災(防犯)事業、④自然環境整備事業などとなっている。都市である横浜という立地性から、地域の賑わいの場づくりや貴重な自然環境の保護などが整備内容として多くなっている。

それでは一例として、2016年度の整備助成対象事業に採択された同市泉区の「下和泉湧水を守る会」の「湧水を住民のいこいの場に!・子どもたちに自然体験を!」の活動事例について詳しく見ていきたい。

この活動は、同区下和泉四丁目にある樹林地の湧水と水路の環境を改善し、子供や高齢者などが安心して憩える場として整備しようとするものだ。樹林地（源流の森保存地区）と水辺の環境保全活動を通じて、地域交流の活性化が期待されている。

湧水は、同区中丸町内の北端と大丸町内の南端にまたがり、樹林地に面した都会では貴重な自然地帯である。湧水は下和泉公園の脇を流れ、境川に合流していく。半世紀前ほど前に農業が盛んだった頃には、四季豊かな水が湧き出し、田畑の用水として使ったり、また顔や手足を洗ったり、水を飲んだりする重要な泉で「水飲み」という名前で呼ばれていたようである。

しかし住宅の開発により湧水の水量が減り、20年前の１９９６年頃から渇水期に涸《か》れるようになり、水辺にはやぶが茂ったり、不法投棄されたゴミや泥が堆積《たいせき》するなどの状態も起こってきたことから、中丸町内会を中心に保全を求める声が上がっていた。

そこで整備に向けて２００２年に「下和泉湧水を守る会準備会」が発足、当時の会員は12名であった。５日に及ぶ作業により湧水周辺のゴミ拾いとやぶ払い、花壇の草刈りを行い、整備事業費獲得のために２０１５年度の「ヨコハマ市民まち普請事業」に応募したものである。

熱意が通じ、1次コンテスト通過後は、公園緑地事務所や土木事務所の行政との協議や緑の都市づくりの専門家による地形の測量や地下水の観測により、法的、技術的に実現できることを確かめ、町内会向けのアンケートを実施して地域住民の合意形成を図り、2次コンテストで選考されたものである。

現在の会員数は47名（2016年11月現在）。会長の滝川さんによると、今後の活動は、地域の子供たちや若い人、高齢者や障がい者に焦点を当てながら湧き水の森の整備をしたり、自然との触れ合い活動、花見やバーベキューなどの親睦活動をしていきたいとのことである。また、地下水を増やす対策として、長期的な視点で源流を増やす植生をしたり、大雨を受け止めて地下水を増やす棚田型遊水地の整備に力を入れたりといった活動をしたいと語っている。

工事は一部専門の業者を使い、助成金を受けた2016年夏から始まった。それぞれの工事に可能な限り会員が参加し、①地下水集水、②小川の浅瀬化、③路地花壇、④広場、⑤水汲み場、⑥水遊び場、⑦遊歩道の工事などを進めている。

工事が終わっても、環境を維持するため除草や清掃活動には会員の積極的な参加が不可欠である。１９８９年の「泉区」誕生に向けて「区名」が公募された際、近隣に在住する人々がこの湧水をイメージして「泉区」と投稿されたというエピソードもあり、この場所が市民の親水と憩いの場として環境が整備されていくことが望ましい。

現在は、会員の作業日を「森の作業日」と称して毎週火曜日の朝10時から2時間程度集まり、現場において除草や手入れを続けている。

実際に湧水掘りの活動に参加した子供たちは、「井戸掘りは大変だったが、湧水が出てきた時は嬉しかった」という働くことの喜びを経験したり、学校では得られない仕事の達成感を味わったようだ。泥だらけになってワイワイとまちづくりに参加した経験は、子供たちが自分のまちを好きになるための忘れられない思い出となるであろう。

事例⑤巻き込む・呼び込む――　学生発案の地域おこし、プロジェクトYターン！

まちづくりにおいて重要な成功要因の一つは、事業の持続可能性を高めることである。どんな優れた内容であっても、リーダーが交替したり、参加できなくなったりしたら直ちに終わってしまうような持続性に欠ける事業では、プロジェクト運営の観点からすると評価はできない。

個性溢《あふ》れ、皆をグイグイ引っ張っていくようなリーダーは、まちづくりの現場においては理想的ではあるが、往々にして強力なリーダーの下には後継者が育たないケースが見られる。一方、むしろ頼りないリーダーを組織で支えるような団体のほうが事業の継続性があったりする。地方創生に向けた活動も、独りよがりで身内だけに固まることなく、多様な人材、幅広い層を巻き込み、人の流れを呼び込んでいくような受け入れ環境の整備を進めることが、事業の活性化を図るうえで重要である。

ここでは、実際に私の研究室で指導している学生が参加して、企画、実施協力しているまちづくり活動の事例を紹介する。

私が所属する拓殖大学の国際学部国際学科は、教育効果を高めるために少人数によるゼミナール（ゼミ）活動を重視しており、2年生からのゼミ活動が必修となっている。

私の研究室の専門分野は「途上国のインフラ開発、都市計画」であり、「インフラや都市・地域開発計画に関する調査研究を通じて、開発協力の現場においてプロジェクトマネージャーとして活躍できる人材育成」をゼミの研究目的としている。

私の前職は建設系の開発コンサルタントであり、数多くの国際開発プロジェクトで働いた経験から、プロジェクトマネジメントの能力を高めるためには、座学に加えてフィールドワークを通じて（現場で）実践経験を積ませることが問題意識を高めるうえで重要だと考えていた。

ちょうど着任したばかりの2015年夏に、大学生観光まちづくりコンテスト運営協議会が主催し、JTBコーポレートセールス、三菱総合研究所が事務局を務める「大学生観光まちづくりコンテスト2015」に私の担当する授業（「インフラ開発」、「開発コンサルティング」）を受講していた学生有志を集めて参加することになった。

この企画は、主催者側が指定した「まち」を対象として、観光まちづくりの企画を提案するものであり、その時は山梨県の笛吹市および南巨摩郡富士川町が対象地区となっていた。また提案に関連して「ミズベリング」という国土交通省が提唱している水辺を生かした親水事業と関連付けて提案することが条件付けられていた。テーマは、

『ミズベリングと連動した富士川水系流域の「観光まちづくりプラン」』である。

　コンテストの企画提案は、旅行会社のそれとは一線を画し、学生ならではの奇抜で斬新な視点を期待するものではあったが、私はあくまでもインフラ開発の視点に立脚し、真正面から地域の課題解決に取り組むことを重点に置き、特に実現性の高い企画を提案するように助言した。参加学生は農業総合コースの女子学生を代表とする9名であった。メンバーには南米からの留学生や参加学生の友人である都留文科大学の学生も含めたユニークな顔ぶれとなった。

　現地へは7月末に訪問し、二つのまちの役場や地域住民の桃農園、観光拠点などを訪問した。豊かな自然と長閑《のどか》な田園風景が印象に残ったが、富士川町における中山間地の人口減少傾向が気になった。

　南アルプスの裾野に位置する富士川町は、平成の大合併の際、2010年に旧増穂《ますほ》町と旧鰍沢《かじかざわ》町が合併してできた町である。面積111・98平方キロ、人口は1万5630人（推計人口、2017年2月1日）である。柚子《ゆず》、トマトなどの農業が盛んであり、雄大な自然も美しく、渓谷や富士川の源流巡りを楽しむ観光客が集まっているが、近年は年間約100人規模で人口が減少している。

　これらの社会背景を踏まえて提案されたのが、「プロジェクトYターン!・」である。同事業は、同町が東京から近距離に位置するという利便性を活かし、観光や合宿などを通じて東京西部の八王子・多摩地区の学生、特に留学生およびデザイン・芸術専攻の学生を対象地区へ呼び込むものとして設定した。

　対象地区が「山梨」にあること、山梨は地域住民の結び付きである「結《ゆい》」と呼ばれる相互扶助関係を有していること、対象地区と八王子・多摩地区の相互間を「ゆるやか」に結び付ける活動であることからプロジェクト名を「プロジェクトYターン!・」と命名した。

　地方出身の人が一定期間の都市の生活を経て故郷に戻る「Uターン」、都市の人が地方で生活を始める「Iターン」、そして最近では都会生活を経てほかの地域に移る「Jターン」と都市から地方へと人が流入するパターンはいろいろある。しかしそれらはすべて一つの方向の流れであり、相互間の交流を図る形態ではない。

　我々は、都心に近い山梨の立地性は、一方通行ではなく、むしろ相互間で行き来する「Y」の行動様式のほうがふさわしいと考えた。
具体的な提案内容は次の三つである。

一つ目は、留学生の週末ホームステイ・国際交流である。週末滞在、春・夏・冬の大学の休みの期間を利用し、留学生が農家や空き家に泊まって田舎暮らしを体験する。留学生が利用しやすい低価格に設定する代わりに農作業や家業の手伝い、空き家の清掃、修繕（DIY）、除草作業などを手伝う。

活動の効果としては、対象地区と留学生との「日本のペアレントパートナーシップ制度」の締結（留学生のための日本の故郷創出に向けた支援制度の確立）が考えられる。対象地区は、豊かな自然と日本文化が継承されている地域であり、日本に関心を持つ留学生にとっては、魅力的な地域である。

留学生は、主に留学生寮や大学近辺に在住しているが、気軽に田舎暮らしを体験できる場所が近場にあれば、一度は訪問したいと希望する者も多いだろう。

また、留学生は自国学生や訪日客との結び付きも強く、SNSを通じて留学生から発信される情報は、インバウンドの動向にも大きな影響を与えることが想定される。富士川町が例年開催している「甲州富士川まつり」や語学教室など国際交流に参加することも可能であり、地域の課題であるアジアの幅広い国からの訪問客の誘致・おもてなしに対する貴重な助言をしてくれるであろう。

日本の留学時代に山梨の人と自然に触れあい、第二の故郷として帰国した後も両市町の良い理解者・広告塔となり、世界中の多くの国と山梨が何らかの友好関係を持つという将来的な効果も期待できる。

二つ目はデザイン・芸術専攻の学生の合宿だ。夏休みなど一定の期間に空き家および廃校を利用する。安く宿泊する条件として、学生は家の掃除、除草に加えて、修繕・改修を手伝う。

そして学生は、文化・芸術に関心がある地域の人たちと交流を深め、デザインを通じてまちづくり・地域おこしに貢献する。地域の子供たちを相手に絵画や創作の指導、地域おこしイベントの準備・参加が条件となる。富士川町は芸術による地域づくりを進めており、デザイン専攻の学生との交流は若い人を地域に呼び込むためにも歓迎したいとの意向を示した。

イベントの企画に学生が参加することにより、学生は継続的にデザインを発表する機会を得られるとともに、対象地域はデザイン・宣伝の費用が削減される副次的効果も期待できる。

最後の三つ目は、学生を巻き込んだ地域おこしイベントの企画である。豊かな自然や地域の特性を活かした学生参加によるイベント企画としては、水辺の「オープンカフェ」、「演奏会」や同町の抱える廃校を利用した「芸術祭」の開催などさまざま考えられるが、対象地区は花卉《かき》の生産が盛んなことから、インフィオラータという手法を用いたイベントの企画が有効的だと考えられる。インフィオラータとはフラワーアートの一つである。花びらや草木、種などを使用し道路などの路面上を彩る。

このプランの参加者は一般観光客、対象地域の小中高生徒をはじめとした地域住民および関連する参加団体、ボランティアや留学生・デザイン学科などの学生とする。

イベントの主催者および協賛・協力機構は対象地区の自治体、両地域の観光協会・商工会議所、国際交流協会などの団体、大学、卒業生の同窓会、大学の国際交流サークルなどが想定され、活動実施場所は廃校を利用する。住民との触れ合いの機会を増やして、参加型で集客率を上げる。材料の花は対象地域から調達し、インフィオラータの図案を広く公募し、話題性を集める。

この活動による効果は、①廃校の有効利用を可能とする、②低コストかつ視覚的インパクトのある町おこしができる、③芸術による地域づくりが促進される、④イベントを通した各国留学生との国際交流が行われる、⑤イベント終了後も地域住民と学生の交流が続けられることが考えられる。

プロジェクトで期待される効果は次のものがある。

まず、東京都の八王子市は大学・高専・短大の校数が25校、学生数11万人を誇る全国でも有数な学園都市である。うち、約3000名の留学生、約6600名に及ぶ芸術・デザイン系の学生が含まれている。これらの学生の活用により対象地区の空き家を有効利用して空き家問題の緩和と地方創生に向けて貢献しようとする構想がプロジェクトYターンである。

空き家問題の根本的解決は困難であるが、対象地区の強みである都心からのアクセスが良いところ、学生数が多い八王子・多摩地区に近いという立地性を活かし、空き家を利用した低コストの宿泊施設の提供やイベントを開催することにより、訪問客の増加が期待される。さらに活動を通じて、対象地区に愛着を持つ若者が育成され、将来的な定住化促進へと結び付くものと期待される。

この提案は、まちづくりコンテストのポスターセッション参加チームに選定され、富士川町役場をはじめ来場者からも高い関心を得ることができた。さらには、企画に賛同を得た住民の方々の協力を得て、翌2016年より実際に民家の空き家を活用して実験的に本プロジェクトを実施している。

先輩たちからまちづくりに懸ける志を引き継いで、研究室のゼミ生11名も行動を起こした。

富士川町の行政側担当は、町役場の政策秘書課。住民の地元側の窓口になってくれているのは、仙洞田《せんどうた》新《あらた》さん。家業である建設会社の源工業を経営する傍ら、同町「空き家バンク」の事務取扱責任者も担当している。また、近年八王子市から移住してきた坂本祥郎さん、町内小室地区の空き家所有者である松田和恵さんなどが中心となり、学生が企画するさまざまな活動を支援しようと面倒をみてくれるようになった。

また、富士川町にはアカマツ、スギ、ヒノキなどの間伐材を薪《まき》として使う「増穂の登り窯」がある。登り窯を管理・運営しているのが陶芸作家の太田治孝さんである。この増穂の登り窯では、文化交流の一環として、例年韓国釜山市の慶星大学の学生が訪れて陶芸実習を行っている。富士川町も文化教育交流協定の一環としてこの活動に協力しており、太田さんの勧めもあり、２０１６年８月には我々も一緒に国際交流を推進するため空き家を利用してこのイベント「日本を知るプロジェクト」に参加し、お互い交流を深めた。我々が意図していた学生による国際交流や文化活動の場として地域の空き家や廃校などの施設を活用する形態がまさに実現しつつある。

研究室としては、プロジェクトの成功を目指した的確な事業運営の支援を図っていくことはもちろん、全国で進められている地方創生へ向けた事業モデルとして体系化を図るため、関連する研究やプロジェクトで得た知見を他地域へ適用・展開する可能性について検証していくことが今後の課題となる。

この事業「プロジェクトYターン！」の特徴は、①過疎化が進行する東京近郊の地方部において、これまで着目されていなかった大学生というボリュームゾーンを訪問客のターゲットに設定し、②これにより、今までは負の遺産として扱われていた空き家の有効活用を通じてまちづくりへつなげていこうという、新しいアプローチを提案したこと、そして③大きな投資や資本を必要とせず実現可能性と継続性が高いこと、④地域、学生、そしてPR活動や広報を通じて大学側もメリットを享受できることが利点として挙げられる。

今こそ求められる地方創生

これまで地方創生に関する取り組み事例をいくつか見てきた。目覚ましい成果を上げている事例は、実際は多くはない。しかし、停滞・衰退しつつある地方にとって、この地方創生事業は財政的、能力的な面から考えると、恐らく地方が自らの復興に向けて動くことのできる最後の手段となり得るものである。

この機会を逃せば、自治体にとって「地方消滅」は決して他人事ではなく、現実的な事態として直面していかざるを得ないものになる。従って、地方創生へ取り組むことは、地方にとって待ったなしの状態となっており、単なる一過性のブームとしてではなく、真正面から真剣に取り組む必要がある事業なのだ。まさに地方の潜在力、底力が試される時が到来している。

まちづくりに必要な要素として、「よそ者、若者、ばか者」の三つが重要だとよくいわれる。「よそ者」とは、外部者であり、新しい発想力を持つもので、偏見のない状態だからこそ、新しい視点から地域の魅力を見つけ出すことができる。「若者」は、バイタリティがあり、何か新しいことを起こすうえで原動力となる存在である。物事を変えたり、新しい事業を作り出したりするうえで若い人の力は欠かせない。そして、最後の「ばか者」は、目標に対して脇目も振らず一途で情熱を持った存在である。成功しているまちづくり活動には、カリスマ的要素を兼ね備え統率力のある「ばか者」が必ず存在している。

これら三様の登場人物がまちづくりに参加することで化学反応が発生し、これまで地域になかった何か新しいものや出来事が誕生する。地方の持つ潜在的な資源・人材を活用しつつ、外から入ってきた若くて有能な人材による知識や実践を通じて触媒効果が発揮され、まちづくり事業が活性化していく。この要素は、まちづくりに不可欠なのである。

地方創生は対象地区のみの対応では解決が困難で複雑な課題が多い。このため、そのカタチづくりには、広く国民の理解を得て、学生を含めた若い世代など幅広い世代が関心を持ち、事業に参加していく継続的な仕組み・制度づくりも求められる。前例もなく、模範解答も見いだせない新たな取り組み、それが地方創生の事業なのだ。

第2章

「LBT」とは何か？

アフリカのまちづくり工法を学ぶ

第２章では、地方創生に取り組むうえで有効となる方策について、国内地方部と同様、さまざまな開発課題を抱えるアフリカなどの途上国で行われているインフラ整備やまちづくり（地域開発）の事例より求めていきたい。

その中で、住民参加型のインフラ整備工法であるＬＢＴに着目し、その有効性について確認したい。

途上国の経済状況と課題

途上国とは、教育、医療・衛生など社会開発の水準が先進国と比べて低く、まだ経済発展の途上の状態にある国である。このうち、国連により認定された特に開発の遅れた国々である後発開発途上国（ＬＤＣ）は、アフリカやアジア、中南米など49カ国となっている。

ＬＤＣの経済のレベルは、一人あたりの国民所得（ＧＮＩ：２００８～10年平均）が、９９２米ドルとなっており、同じ途上国とはいえ、比較的国民所得が高い高中所得国とは約３倍～12倍、我々先進国とは30倍以上の経済格差がある。

しかしながら、経済の発展は目覚ましく、ＩＭＦ（国際通貨基金）の見通しによると、15年の先進国の経済成長率が２・３％に対し、新興市場および途上国・地域のそれは５・０％になっている。15年の経済成長率ランキングのトップはエチオピア（10・２％）で、10位以内にはアフリカとアジア各３カ国がランクインしている。

人口割合では、世界人口の80％近くに相当する約50億人を途上国が占めている。いまだ経済の格差は大きいが、経済の伸びは著しいものがある。何より人口と面積比が占める割合が圧倒的であり、これからの経済、社会、文化、そして安全保障の面から、存在感はますます大きくなっている。

今日まで我々は、経済格差ゆえに先進国と途上国を常に別の存在として区分して扱っていた。しかしこれからの時代は、グローバル化の進展にともない、むしろ圧倒的な人口を抱える途上国が先進国を飲み込んでしまうような、さらに一体化が進んだ状態へと移行していくことであろう。従って、今後はなお一層途上国の動向に細かい注意を払うべきであり、途上国とともに歩み寄る姿勢が我々先進国側には求められる。我々は途上国とのつながりがなくては存在し得ないのだ。

それでは途上国の最も大きな課題とは何であろうか。もちろん国の経済レベルの違いによって必要とされる事柄はさまざまであるが、途上国が貧困対策を図るうえで早急に整備を急ぐ必要があると認識しているものの一つはインフラである。

インフラは、私達の経済・社会活動を支える制度や施設であり、社会資本、社会経済基盤とも呼ばれている。最近途上国では、貧困削減のために持続的な経済成長が不可欠であり、その成長を支える基盤として、その役割が特に注目されている。

途上国のインフラの整備状況

インフラは、経済あるいは産業インフラと社会インフラとに大別される。経済インフラとは、道路、鉄道、港湾、空港などの運輸交通、電力などエネルギー、情報通信技術（ICT）、灌漑《かんがい》などの農業施設などを指す。また社会インフラとは、病院など保健施設、衛生施設、上下水道施設、そして

途上国では、小川にかかる橋でさえまだまだ貧弱な場合もある

学校などの教育施設なども含まれる。

我々の身の回りのもの、社会を動かしている施設や制度、これらはすべてインフラである。一定レベルのインフラが備わっていることは、まだ国の骨格形成をしている段階にある途上国にとって、これからの発展を図るうえでの前提条件となる。企業も、電気や輸送路も安定していないような国に、自らリスクを冒して投資する気にはならないだろう。

それでは、途上国と先進国のインフラの整備状況を比較し、そのレベルの差、ギャップについて分析してみよう。

表2は、途上国のうち高所得国における

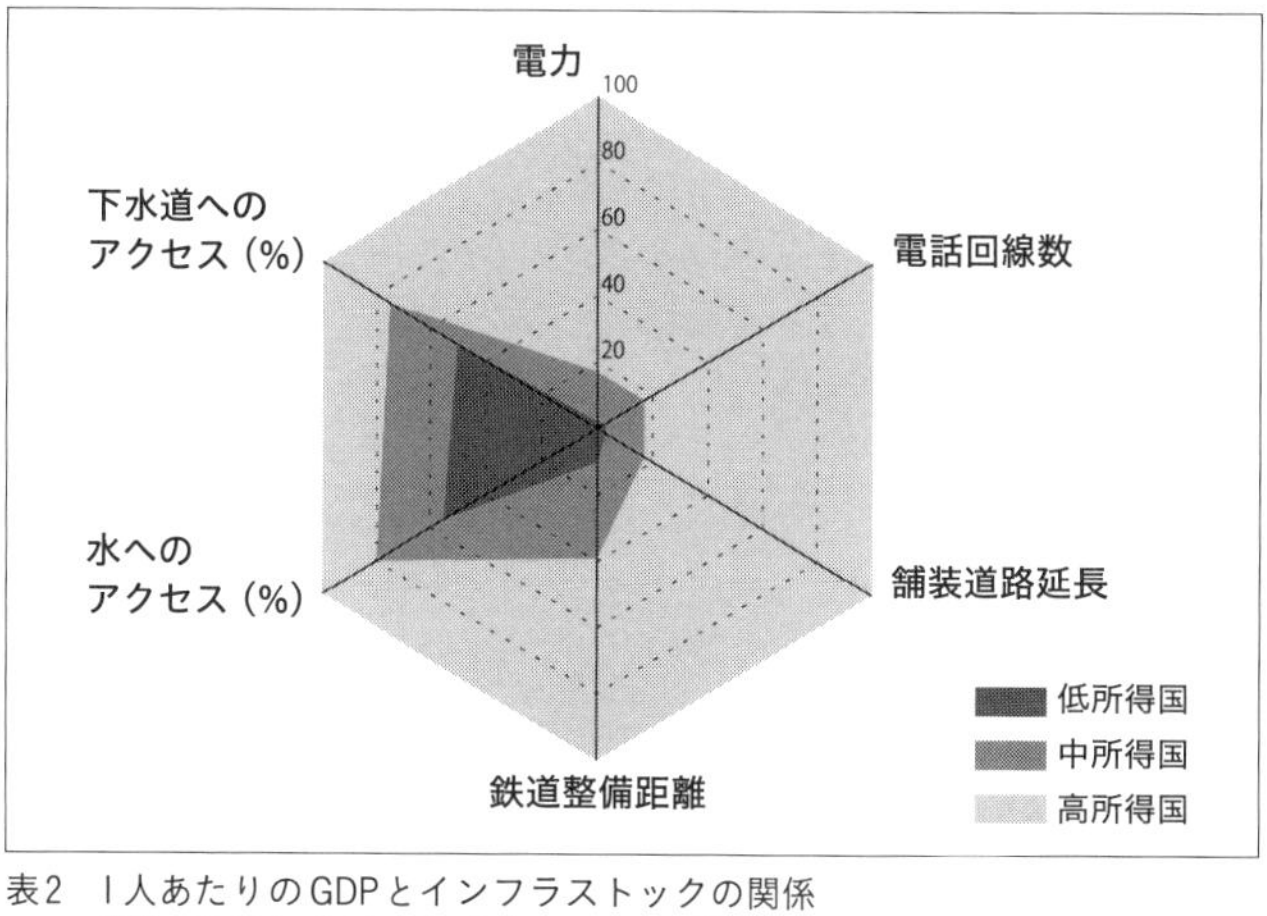

表2　1人あたりのGDPとインフラストックの関係
出典：2004年JICA報告書『ひとびとの希望を叶えるインフラへ』

平均値を100とし、各国の整備レベルを指標化し、平均値をプロット（低所得国39カ国、中所得国50カ国、高所得国25カ国）したものである。発展段階別にインフラ整備水準を見ると、上下水道といった社会インフラに比べて、電力・運輸などの経済インフラにおいて相対的に大きなギャップが存在している。

インフラストック（インフラ施設量を貨幣単位へと換算）について比較を行うと、そのギャップはさらに明確となり、低所得国と中所得国の1人あたりのインフラストックは高所得国のそれに対してそれぞれ13分の1、10分の1となっている。先に比較した経済格差とほぼ同じレベルとなっており、先進国と比較すれば30倍の差が生じる。

途上国のインフラ需要

中国やインドなどの新興国を中心として世界のインフラ需要は、実際に投資できる額をはるかに上回って拡大基調にある。世界銀行が2015年に発表した報告によると、2020年までの新興・発展途上国のインフラ需要は年間8360億ドルに上るといわれている。さらに、必要額と実際の投資額の差は４５２０億ドルに及び、投資額を大幅に増やす必要性を指摘している（**表３**）。

民間による資金を活用したインフラ整備事業を数多く手がけている英国のプライスウォーターハウスクーパース社によると、インフラ全体の約３割を占める交通インフラの投資については、２０１４～25年の間に年平均５％ずつ成長すると予測している。投資額は２０１４年の５５７０億ドルから２０２５年には９０００億ドルへ増加する見込みである。

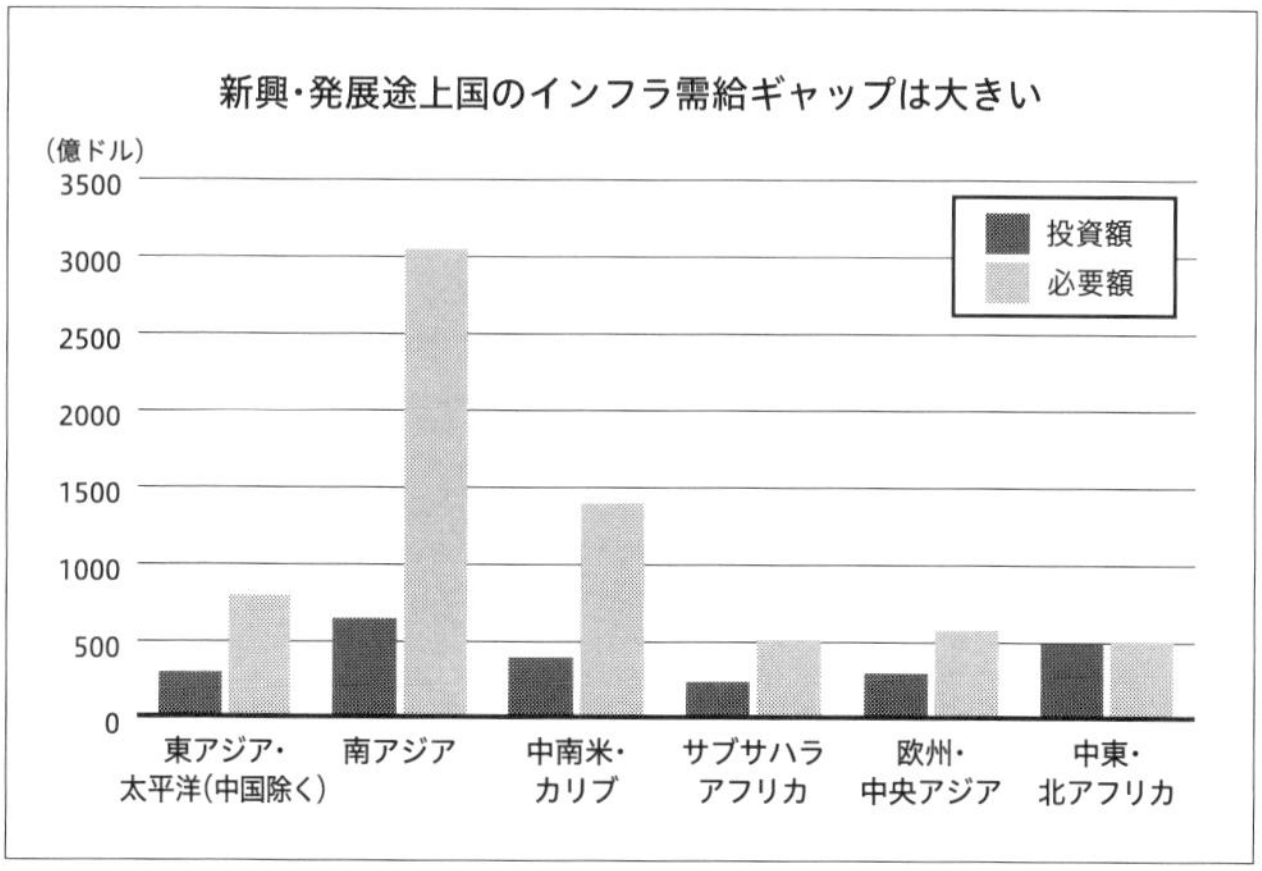

表3　新興・発展途上国へのインフラ投資額と必要額
世界銀行資料(Ruiz Nunez, Fernanda; Wei, Zichao "Infrastructure investment demands in emerging markets and developing economies")より作成

このようなインフラギャップを解消すべく、アジアインフラ投資銀行（ＡＩＩＢ）が２０１５年に中国主導により設立され、翌２０１６年より融資業務を開始している。また、この動きに呼応するようにアジア開発銀行（ＡＤＢ）なども融資額を今後増進していく方針である。途上国のインフラ需要をいかに満たしていくべきか。世界の経済を牽引《けんいん》していく途上国のインフラの動向から目が離せなくなっている。

インフラの課題

続いて途上国のインフラの課題について整理する。もちろん、それぞれの国で抱えるインフラの課題は多種多様であるが、代表的な四つの課題に焦点を当て解説する。

一つ目の課題は、水資源問題だ。水は我々人間にとって最も大事なものである。用途としては、飲料水から始まって、調理での利用、農産物の生産、工業製品の原料、さらに自然エネルギーとしての利用などが挙げられる。

水の課題は、大別して量、質、アクセスの三つである。

人間が生活を営むうえで最低限必要となるのは水資源の確保である。アフリカなどの途上国では衛生的で安全な水を確保できない地域も多い。そこでコレラなど水系疾病やマラリアなどの感染症を防ぐため、浄水場の整備などにより水質の確保・改善、水源地の管理も重要となってくる。

このように水資源を確保し、水質を改善したところで、それが住民の手に入らなければどうしようもない。最後に必要になってくるのは、水へのアクセスである。水道が完備し、日本のように家の蛇口をひねれ

アフリカなどの途上国では水資源の確保は重要課題だ

ば安全な水が手に入るのであれば申し分ないが、途上国では各戸給水がなされていない地域もあり、その場合は、住民は井戸や共同水栓と呼ばれる共同の水飲み場へバケツを抱えて水を汲みに行かねばならない。

国連が途上国の開発のために２０００年に定めた「ミレニアム開発目標（ＭＤＧｓ）」では、国際機関や世界各国が協働して対処すべき八つの大きな課題を掲げた。このうち7番目に掲げられたのが安全な水の確保である。

ＭＤＧｓでは、２０１５年までに（つまりＭＤＧｓ設定からの15年間）、「安全な飲料水が手に入らない人口」を半減するという目標を設定し、このうち途上国のほとんどの国はその目標を達成したと見られているが、人口増が著しい途上国を中心に、いまだ約10億の人が安全な飲料水を入手できていない。このように、水資源開発に加えて、取水・浄水施設の整備、そして給水網の整備と共同水栓までのアクセス確保が途上国における水の課題となっている。

二つ目の課題として挙げられるのが交通問題である。人や物が移動するには交通網が欠かせない。交通の機能が目指すところは、人や物が行きたい（運びたい）場所へ想定した時間に安全に到着することである。地域の隅々の流れを確保する交通網は、人間の体に例えるなら血管のような役割を果たしている。

図3は国際機関のＩＬＯ（国際労働機関）が作成したアクセス改善による効果例を示したものである。飲料水、薪《まき》（エネルギー源）、保健医療、教育、雇用、農作業、農作物の運搬、そして農作物の脱穀・加工など、道路アクセスを整備することによってこれらのアクセスが可能となる効果を示している。

図3　交通アクセス改善による裨益《ひえき》効果の例　ILO資料より作成

途上国の交通の課題は、量と質の二つの側面から見ると次のように整理できる。

●量の面：交通渋滞を引き起こしている不足する交通網の建設・確保、都市と地域を結ぶ幹線道路や末端部であるコミュニティと市場などのアクセスの整備。

●質の面：鉄道や都市交通など多様な公共交通手段の確保、より安全で快適な利便性が高い交通施設の導入。

途上国では、経済の発展とともに交通量が増大し、都市部などで交通渋滞が発生していることはよく知られているが、交通形態が道路に過度に依存している。このため、新交通や都市鉄道など多様な交通形態の導入や自家用車からバスなど公共交通への転換も重要になっている。

都市問題、スラム問題が三つ目の課題だ。１９００年には世界の都市人口は1億6000万人で、世界の総人口の10分の1だった。１９８０年代でも、都市人口は３割程度に過ぎなかったが、21世紀に入り現在は、都市人口が総人口の半分以上の約40億人に及んでいるといわれている。

途上国の都市問題も年々深刻化しつつあり、代表的なのは低所得者が集まるスラム、スクオッターと呼ばれる劣悪な居住環境である。国連人間居住計画（UN-Habitat）によれば、現在の「世界のスラム居住者は約10億人、全世界人口の６人に１人に上り、２０３０年にはその数は倍増する」と予測されている。

貧困の温床でもあるスラム地区は不法居住者も多く、公的なインフラ支援がない場合が多い。

そして最後の四つ目の課題が、環境問題である。途上国の環境悪化は都市のスラム地区に限られたことでなく、森林伐採や緑地の消失化など農村地域においても深刻な問題になっているが、近年特に注目を集めているのが、地球温暖化、森林の減少、酸性雨など、国境を越えた広範囲に影響が及ぶ地球環境問題である。

インフラ整備支援策

このようにに途上国のインフラの課題はてんこ盛りである。日本はこれまでインフラをはじめ途上国の経済社会発展支援を続けてきた。ODAの意義と役割は何ら変わることがないが、日本も厳しい財政状況を背景として、これからは今まで同様に積極的な支援を行っていくことは難しいかもしれない。

国のODAの基本方針としては、湾岸戦争後の1992年以降ODA大綱と呼ばれる基本理念がこれまで示されてきた。そこには貧困対策に向けた支援の重視や、環境や民主化への配慮が示されている。

ODAが開始されてちょうど60年目を迎えた2015年に政府は、これまでのODA大綱を見直し、新たに国際開発大綱を策定した。その理由はODAを取り扱う開発課題が近年より多様化、複雑化、広範化したこと、グローバル化の進展により途上国と協調して進めていく側面が強くなったこと、そして何よりNGOやNPOなどをはじめ、民間セクターと協力して国際協力を進めていくということを明確にしたからである。多様な主体の開発への参画は開発協力大綱の大きなポイントになっているが、大きな期待を寄せられているのは、民間活力を通じた経済支援である。

これは、途上国のインフラ開発を支援するにあたり、ODAと連携を図ることで、相手国の経済発展と日本の経済成長の両方を実現させようとするものである。

民間の企業活動を通じて企業が利益を上げるばかりでなく、投資による現地への経済効果や雇用の増大などODAのプロジェクトベースを上回る規模での途上国の相乗効果が期待される。その典型がインフラ輸出である。

前述したとおり、アジアをはじめとする新興国のインフラ需要は高まっている。特にICT（情報通信技術）、エネルギー、運輸交通、防災などの分野において高い技術力を有する日本への期待も大きいものがある。インフラ輸出とは、インフラの設計、建設、運営、管理まで「システム」として提供し、相手国の経済成長を図ると同時に、日本の先進的な技術、ノウハウ、制度も同時に移転することで、相手国の抱える課題の解決にも役立つことが期待される。

2013年、日本政府はODAを含めた取り組みについて「インフラシステム輸出戦略」を策定した。この戦略では、地方自治体や地方企業により蓄積されたインフラの維持管理技術、海外投融資などの資金や技術アドバイザーの派遣など人的資源に対する支援策を抱き合わせで盛り込み、海外における日本企業のインフラシステムの受注額を２０２０年までに30兆円にするという目標を立てている。現在、インフラビジネスの対象として想定される分野としては、水、火力発電、送配電、鉄道など10に及ぶ分野があり、最近ではミャンマーのティラワ工業団地建設など途上国でも多くの実績を上げつつある。

そのほかの途上国に対するインフラ支援策としては、メコン流域やアフリカの国際幹線道路などに対する資源開発や物流網の整備など、国境をまたいだインフラ整備が規模の大きさからも注目されている。

また、ＭＤＧｓの後継として策定された途上国支援の枠組みである「持続可能な開発のための２０３０アジェンダ」（ＳＤＧｓ）の目標七つでは、「すべての人々の、安価かつ信頼できる持続可能な近代的エネルギーへのアクセスを確保する」と明記されており、コミュニティに対するインフラ支援も引き続き重視する視点を示している。

なぜ途上国に対するインフラ整備支援が必要とされるのか

ＩＣＴの発達により、仕事をするうえで会社の社員が常に同じ職場にいる必要性はなくなった。企業も同様に、管理部門、計画部門、生産部門、そして営業部門とそれぞれの部署が活動しやすい場所へ移動することが今後はより加速するであろうし、そうしなければ会社の運営自体が持たないであろう。

この関係は、実は先進国と途上国のビジネス関係にもそのまま当てはまる。例えば、２０１５年度の日本企業の海外売上高比率は58・3％となり、過去最高を更新している。前年度比１・４ポイントの上昇である。国内市場の成長鈍化を受け、日本企業は海外で稼ぐ姿勢をさらに強めていくことであろう。

日本の総輸入額に占める途上国からの割合を見ると48・7％と、約半分となっている。金額ベースでも輸出額を大きく上回っており、その差は約９兆円にも及んでいる。輸入額が多い品目は石油や液化天然ガス、鉱物といった資源関連であり、近年、急増しているのは我々の暮らしに身近な繊維製品となっている。

このように資源や生活必需品における途上国に対する日本の依存度は、年々高まるばかりであり、もはや国内においてすべての仕事の流れを完結させなければならない理由もなくなった。経済・社会の動きが推移する中で途上国のインフラについて考える際、「彼らの」といった三人称で語ることは意味をなさない。つまり、アフリカのインフラといえどもグローバル化の時代にあっては、一人称の立場で、同じ目線で優先度なり品質の程度について考えていくべきだ。

新幹線のインフラ輸出にしても、メコン河流域の一体的な開発にしても、常に当事者的な発想で戦略的に整備方策を講じていくこと、これが、我々の経済、社会活動の幅を支えるために欠かせない。途上国のインフラ整備支援が我々にとってより重要となっている意義はそこにある。

途上国におけるインフラ整備の有効な手段は何か

それでは、日本は今後どのような観点から途上国へのインフラ支援を行っていくべきであろうか。

これまでに述べたとおり、日本の比較優位を活かすのであれば、インフラ輸出など民間主導型で国境間を横断するような広域の支援を続けていくことが望ましいであろう。しかしそれだけではインフラの効果を発揮させるには十分とはいえない。

先ほど交通網を血管として例えた。これはインフラすべてにもいえることであるが、血液が動脈、毛細血管を通じて初めて身体の隅々に行きわたるように、基幹インフラだけでは、末端の地方部にまでインフラの恩恵は行きわたらない。

インフラとは部分的な整備だけではその機能を発揮することはできない。国家を健全に発展するため、国の指導者は地域の恵まれないコミュニティや貧困層にこそ、インフラの利便性が享受できるように配慮したいと考えるであろう。

それでは、厳しい財政事情の下、地域のコミュニティを活性化させるようなインフラを整備するような方策はないだろうか。この課題は日本の地方創生と相通じるものがある。

日本にはないコミュニティ活性化を図るインフラ整備の手法が、実は途上国にある。

それがＬＢＴである。それではＬＢＴについて、その全容を詳細に明らかにしていきたい。

アフリカなど途上国において注目されているLBT

現在アフリカ地域をはじめとする開発途上国においては、コミュニティ開発のためのインフラ整備工法としてＬＢＴが注目されている。

ＬＢＴはインフラ整備が遅れている地域を対象とした住民参加型による事業実施方式（工法）であり、開発途上国における地域社会の安定化や発展に向けて有効な手段だと考えられているためである。

また、近年ではアフガニスタンやフィリピンのミンダナオ島など、戦争や内戦などにより国の内外で武力などを用いた揉《も》め事やいさかいがいまだ継続しているか、あるいは紛争終了後それほど時間も経過しておらず、社会・経済・文化などの面で紛争による影響や混乱の状態が残っているような、いわゆる紛争影響国においてコミュニティ開発事業が増えており、インフラ整備とともに地域コミュニティの育成にも資するLBTの導入が試みられている。

それではLBTとは誰が、何の目的で、どのようにして行う工法なのであろうか。

LBTとは何か、その定義

LBTとは、国際機関であるILOの定義によると、「人力を主体として、農耕用のトラクターなど簡易な機材を用いつつ労働力の最適化を図る小規模のインフラ整備工事」の総称である。

日本の国際協力の実施機関であるJICAはこれに加え、LBTに特徴的な効果の一つであるコミュニティ参加の概念を付け加えて、LBTは地域住民の参加によって実施する事業、と表現している。

LBTをさらに分かりやすく説明するならば、ブルドーザーなど建設用機械による施工(Equipment-Based Technology:EBT)と相反する概念といえよう。ILOをはじめとする国際機関の協力を得て、LBTは多くの途上国、外貨不足で機械施工を行えない地域のインフラ整備手法として活用されている。

また、LBTは事業に参加する住民に賃金が支払われるとともに、地域住民の合意形成が図れることから、貧困層の雇用促進、コミュニティ開発手法としても有効な手段として考えられている。

LBTが対象となる分野と工種

LBTは人力を主体とした労働集約的な工事であり、もちろんすべてのインフラ工

LBTによるインフラ整備の様子

事に適用可能な工法ではない。ＬＢＴが対象となる分野・工種は、アスファルトやコンクリートの舗装を用いない砂利や土道（道の上層路盤材料として砕石（Gravel）を用いて施工することから一般に「グラベル道路」という）をはじめ、軟弱地盤改良、小規模橋梁《きょうりょう》、護岸、農業施設、アスファルト乳剤（瀝青材《れきせいざい》）を路面に散布する簡易舗装（表面処理）道路、市内道路・歩道、給水・上水道、都市排水・下水道（トイレ施設建設を含む）の９種類と多岐に及んでいる。

しかし、実態としてＬＢＴの対象分野は事業のほとんどが道路（特に地方道路、コミュニティ道路）となっており、一般的にはコミュニティレベルの道路整備自体をＬＢＴと扱っている事例も見られる。

なぜコミュニティ道路をＬＢＴで施工するのか

ＬＢＴの工事が主に適用されるのは、前述したとおり村の内部や集落間を結ぶような移動手段であるコミュニティ道路が多い。

コミュニティ道路は、アスファルトやコンクリート舗装はもちろんされておらず、路面に砂利が敷かれていれば良いほうだ。道幅は3〜5メートル程度（普通車の幅は2・0〜2・5メートル）、雑草が覆い茂っている側溝（排水路）が両脇に残されているのが一般的なスタイルである。

途上国、とりわけアフリカの地方部は道の状態が極めて悪い。でこぼこで深い轍《わだち》が走り、路面の状態が劣悪なばかりでなく、道路を支えている路盤や路体といった構造そのものから改良を必要とする場合が多い。砂地の箇所ではタイヤが沈下して空回りしたり、一度雨が降れば泥濘《でいねい》化したり、たちまちスタックしてしまう。従って、アフリカにおいてコミュニティ道路を整備することは実は大変な作業なのである。

地方道路を比較してみた場合、地形や地質の面で相違点はあるものの、建設機械を搬入して建設業者が進める日本とアフリカの道路工事の進め方自体には基本的な違いはない。

ところが途上国の特有の問題は、工事を実施するための資機材、技術力、それらを確保するための資金が決定的に不足していることにある。このため、経済性の観点から見ると優先度は低くなるコミュニティ道路は、一定の品質は確保しつつも、安価な工法を用いて工事を進める必要があり、好むと好まざるとに関わらず、施工はコミュニティにおいて唯一潤沢な資源である労働力を最大限に活かすような、ＬＢＴに類する工事が多用されることになる。

もちろんインフラ施設である以上、コミュニティ道路といえども一定の品質は求められる。ところがコミュニティ道路は、走行車輌の交通量は少なく、舗装などの面で構造的に簡易な道路であっても十分使用に耐え得る場合が多い。

先の事例で紹介したように、軟弱地盤で本格的な工事が必要な場合は、当然ブルドーザーなどの建設機械が投入されるが、それ以外の平坦な道、つまり施工が容易な道路や定期的な維持補修業務などはＬＢＴが適用される場合も多い。このように資機材が常時不足している途上国における地方のコミュニティ道路の現場では、必然的にＬＢＴの要素が色濃く反映された施工が用いられることになる。

また、コミュニティ道路をＬＢＴで施工する効用の一つとして、コミュニティの住民が自ら道路施工に参加することによる業務経験が得られる点が指摘できる。

住民は一連の工事に参加することにより、道路施工の技術に加えて、その後の維持管理技術にも精通することとなる。このため、ちょっとした補修であれば、住民自身による修繕も可能となる。

このように、①資金不足による必然性、②施工の容易さ、③容易な補修工事を住民自らが行えるようになること、この三つがコミュニティ道路にＬＢＴが多用される大きな理由である。

ＬＢＴの実施体制と組織化

実施体制

ＬＢＴ工事のステークホルダー（開発によって、恩恵や被害を受ける人々）は、①政府機関や地方自治体などの公共機関、②地元建設業者であるローカルコントラクター、

③住民との調整や工事の施工管理を行うローカルコンサルタント、④事業を援助、支援する事業実施機関（ＪＩＣＡ、開発コンサルタント）、そして、⑤一番大切な地域住民であるコミュニティで生活する人々である。

これは一般的な国際協力プロジェクトの場合と変わりはないが、ＬＢＴで特徴的なのはコミュニティ住民の存在である。コミュニティ住民は、道路が整備されることによって恩恵・便益を受ける受益者であるが、ＬＢＴでは工事で働く労働者ともなる。つまりコミュニティはインフラ整備によって発生するサービスを最大に受益する立場であると同時に、自らがプロジェクトメンバーの一員として整備事業に参加することにより、品質に対する責任も住民たちに担ってもらう仕組みがシステムとして組み込まれているのだ。コミュニティ側も、自分たちが日頃使うようなインフラを工事する場合は、通常の工事以上に参加意欲が湧くようになる。

このように、ＬＢＴは建設業者に発注して工事を実施する従来の機械施工とは異なり、住民自らが自分たちに必要なインフラ工事を担っていくものであり、まさにインフラ整備の原型ともいえる形態となっている。

組織化

通常の工事とは異なり、ＬＢＴが特殊であるのは工事を進めるにあたり、労働者を提供するために地域コミュニティの組織化がまず必要となることだ。もちろん地域性や文化の違いこそあれ、伝統的にそれぞれのコミュニティは、すでに何らかの形で組織として機能はしている。しかし、ＬＢＴで必要となるのは工事を請け負う近代的な経営機能を持った組織体であり、それはＬＢＴが導入される以前は恐らく存在していなかった形態である。

資金が集まり、支出されていくことで、組織を構成する人たちの役割分担が行われる。代表者や施工監督や経理の責任者を選定する作業も必要になってくる。それまでの緩やかなコミュニティの集まりが責任を持って業務を受注し、継続して維持管理業務を運営できる近代的な組織へと移行していくプロセスがそこには見いだされる。この過程を通じて、まさに新しいコミュニティの形態や仕組みが定着していくのだ。

ＬＢＴは単に地域のインフラを整備するための簡便な工法ではない。計画の段階からコミュニティの住民が主体的に関わり、工事そのものに参加するばかりでなく、継続的に維持管理の作業を続けていく。LBTの本当の目的は、合意形成だけの段階に留まらない、工事を通じてコミュニティの意識や機能を作り上げていく行為そのものにある。

このように、組織化を図ることは、LBTを実施するうえで極めて重要な作業の一つとなっている。

コミュニティ道路の計画、設計

まず、事業を始めるにあたっては、路線の選定、道の構造・基準、概算費用、実施組織の構成、コミュニティの役割などを決定する必要がある。

これらは基本的に、県や村などの自治体や、道路や交通を担当する組織の道路管理者（例えば公共事業省やインフラ開発省など）の担当する業務である。コミュニティの住民は、不具合箇所の改善を依頼したり、陳情したりする。用地買収をともなう大規模な整備計画があるようなら、住民説明会が開催され、その過程を通じて合意形成が図られることになる。

　この流れは日本と変わらないが、コミュニティの住民が工事に参加したいという意志を示せば、単に施工業者へ一括発注されるのではなく、コミュニティ参加型のＬＢＴが採用される場合もある。なお、ＬＢＴの設計は構造や設計基準が複雑でないことから、ＩＬＯなど国際機関がこれまでに整備をしてきた標準図面と呼ばれる施工用の一般的な図面を応用する場合が多い。

LBTの本当の目的は、工事を通じてコミュニティの意識や機能を作り上げていくところにある

どのようにして人力主体で道路を作るのか

読者の皆さんの中には、実際にＬＢＴで作られた道路の品質や信頼性について多少疑問を持たれる方もいらっしゃるかと思われる。いくら途上国とはいえ、本当にＬＢＴで作られた道路や施設が使いものになるのであろうか。

それでは、順を追って技術的な側面からＬＢＴの施工方法について説明していきたい。後述する、国内でも実施されている住民参加型のインフラ整備事業にも参考となると思われる。

まずは、ＬＢＴの工事手順について整理する。工事の主な流れは次のとおりである（図４）。

図4　LBT工事の主な流れ

ここに示した流れで工事はゆっくりとではあるが着実に進められていく。それでは、次に実際にはどのようにして人力で道路を作っていくのか。工事の工程を大きく三つに分類し、具体的な工法について詳しく見てみよう。

工法① 施工前の現場確認、整地、土工事

事前調査・測量

施工を始める前に、発注者（役所）と施工会社、およびコミュニティ組織代表により、現場確認を行う。三者で現地を見て地形や道路状況を精査する（現地踏査ともいう）。特に、不良箇所や新しく設置する橋などの構造物（多くの場合はカルバートと呼ばれる排水管）の設置場所と規模を確認する。また、巻尺や麻ひもなどを用いて距離や高さを測り、計画した内容、施工に使用する図面（標準図）が適用可能か確認する。トランシットやレベルなどの測量器具があればなお良い。

この合同による確認作業により、土やセメントなどの材料の質と量が決定すること

から、工事費にも大きな影響を及ぼす。非常に重要な作業である。

伐採除根

現場に灌木《かんぼく》や雑草が覆い茂っている場合は、ブッシュナイフとよばれる鉈《なた》や斧《おの》、鋸《のこぎり》および家畜やトロッコ（工事用の運搬手押し車）などを用いて施工に必要なスペースの除草や大きな石を除去する。

アフリカの植物は、大地にしっかりと根を生やしたものが多く、根をすべて取り払うのはかなりしんどい作業となる。あまりにも重労働になる場合はトラクターや建設機械を使用する。

土工事

土を扱ういわゆる切土《きりど》、盛土と呼ばれる土工で、でこぼこな路面の形状を整形する。特にアフリカ大陸に多く見られるブラックコットンソイルと呼ばれる膨張性が強い土（雨が降ったりすると膨張する性質のある土壌）は砂利が適度に混ざった良質土（グラベル）と置き換えたりする。専門的に表現すれば構造的に道路を支える表層部の下の層である路盤を作る作業となる。

ＬＢＴによる土工事は、鍬《くわ》、シャベル、鋤《すき》を用いてほぼ人力のみで行う。住民のほとんどは農民であり、この作業はお手のものである。なお、土工事による路面掘削や埋め戻しの作業については、丁張《ちょうはり》と呼ばれる麻ひもと木杭を用いて目印を一時的に設置したり、木製の定規（テンプレート）により道路側面を測ったりして、高さや角度を調整し、土量の誤差が生じないように品質管理を行っている。

工法② 排水、侵食対策、構造物

道路本体ではなく、いわゆる附帯工と呼ばれる関連設備の工事であるが、ＬＢＴの場合は道路本体と一体的に作っていく。

排水工

道路の路面に水が溜《た》まらないように、道路断面は5～8％程度の勾配《こうばい》（傾斜）を付け、両脇に設けた排水路（側溝）に雨水が流れ込むような構造にしている。

排水路の幅と深さは雨の降水量や時間あたりの強度に応じて設定されるが、排水路を掘る際に生じた残土は、路面に集めて道路の表層部分として再利用する。施工にあたって自然環境へあまり負荷を与えないこと。これもＬＢＴの利点の一つである。

なお、排水は、一定の間隔で河川や農作地へ計画的に流下させ、全体の流量を減らしていく。

侵食対策工

排水路を流れる水が急流であれば、排水路の底辺部が深掘れし、道路本体の崩壊につながりかねない。このため、底辺部はセメントなどで固めた石詰めやブロック工などを用いて保護する必要がある。また、排水溝の道路側面（法面《のりめん》ともいう）も、土壌にセメントを多少混ぜて固めたり、石張りにしたりして併せて侵食対策を行うようにしている。

また、水の流れを減衰させるためには、水路に柵や障害物を設けたり、雨水を蛇行させたりすることが効果的である。そこでLBTでは主に大きな玉石や竹や灌木を組み合わせた工法を用いている。

もちろん排水溝全面をセメントで固めれば（三面貼《ば》り）、丈夫で長持ちする施設を作れるが、費用が高額に及ぶことから、このように現地で調達できる資材をうまく活用しながら経費の削減に努めている。

構造物工

熱帯降雨地帯に位置するアジアと異なり、乾燥地が多いアフリカでは、あまり大規模な排水施設は必要とされない。しかし、アフリカでも雨期になると、連日激しい雨が降り続くことから、十分な排水対策が必要となる。

対象となる工事は、道路を横断するカルバートという排水管の設置、橋梁《きょうりょう》など構造物の設置となる。面白いのはドリフトと呼ばれる谷の底辺部に設置される施設で、日本では類似するものとして沈下橋、もぐり橋とも呼ばれている。

これは、谷の底辺部を浸食されないように鉄筋やセメントなどを用いて補強した施設であり、通常や定水位の状態ではそのまま道路として走行可能であるが、いったん雨が降り増水すると、川底のようにその部分が水面下に沈んでしまう。

水の量が少なければそのまま通過できるし、多い場合は水が引くまで少し待つことになる。もともと水量は多くなく、橋を設置するまでもない箇所に設置された施設であるが、場合によっては水が引くのに数日かかってしまうこともある。費用を節約するためとはいえ、何とものんびりしたアフリカならではの道路施設だともいえる。

ところで、アフリカの河川や洪水対策を考えるうえで難しいところは、乾期は平原であっても、一度雨が降り続くと大きな河川となったり、これまで水が流れていなかった場所でも突如として湛水《たんすい》したり、雨水の流出する量や範囲が毎年のように変わって、特定しにくいことである。利用可能なデータも少なく、分析も十分ではない。

構造物工は、施設の規模や設置箇所の選定は非常に難しいことから、ＬＢＴの工事においても最も難しく、費用も要する工程の一つとなっている。

なお、これらの作業は、熟練の技能や土木工学の基礎的な知識も必要となってくるが、面白いもので、住民参加者のうち、意欲的な若い者たちなど積極的に知識を吸収しようとする者が必ず何人か現れてくる。

彼らの何人かは、より技術を磨き、熟練工となって新しいプロジェクトに再雇用されたり、場合によっては起業して下請けの建設会社や一人親方として独立したりする者も出てくる。学歴や資金がなくてもLBTに参加することにより、まさにビジネスチャンスを掴《つか》むこともあるのだ。簡単に体を動かすだけの単純作業に留まらず、多少難しい工程も含まれていることが、実は社会技術であるLBTの有用性を高めているといえよう。

工法③　締固め工、表層仕上げ

土砂道にとっては、土と砂利を良くかみ合わせて水で湿らせ、土と砂の粒度が適切な状態（密度）となるように十分に締め固める工程が非常に重要になってくる。

ＬＢＴの最後の工程は、道路の表層部の土を、コンパクターと呼ばれる小型の締め固め機材やハンドランマーと呼ばれる木材で作った大型の杵《きね》のような器具を用いて行う締固めである。

締固め工

まず、適切な粒度のある土や砂利を混ぜ合わせて砂利道向けの状態にする必要がある。コミュニティ道路の周りは、まだ開発されていない場所が多く残っており、比較的良質なグラベルが現場近くで採掘できる場合が多い。

交通量が少ないコミュニティ道路とはいえ、良い走行状態に保つためには、適切に使用する材料の密度管理を行い、一定の品質を保つことが重要である。

先程紹介した人力で使う締め固め器具であるハンドランマーは、１４０センチぐらいの長さで、接地面は約10センチ、自重は7～10キロの重さである。これで固くなるまで何度も繰り返して地面を叩いていく。作業する労働者が疲れた場合は交替して行う。

表層仕上げ

この作業は、締固め工の最後の仕上げとなる工程である。路面である表層部を十分に散水して湿らせ、ローラーで丁寧に端部などを転圧していく。コミュニティ道路を作ることは散髪や造園の仕上げ作業同様に最終的には人が行う作業であり、立派な職人芸が活かされる仕事であることを実感する工程でもある。

舗装、整備後の維持管理業務

舗装

ＬＢＴによるグラベル道路建設の一連の工程は前述したとおりであるが、グラベルだけの表層では傷みやすい。このため、路面を安定させるため、ＬＢＴでも道路舗装用材料などに用いる乳剤である瀝青材《れきせいざい》（Bituminous）を散布する場合がある。

瀝青材は粘性、弾性、防水性に優れており、接着性がある。アスファルト合材のように高温でなく、常温と呼ばれる少し低めの温度（１００～80度以下）で取り扱えることから危険性が低く、人が柄杓《ひしゃく》やバケツで散布して舗装工事を行うことができる。日本でも戦後間もない時期や地方部で使われており、簡易舗装とも呼ばれている。

維持管理業務

道路は車が走行する度に路面が傷んだり、摩耗したりするものである。このため、道路供与後はすぐさま維持管理が必要になってくるが、ＬＢＴは規模が小さく、キメ細い手作業にこそ適した工法である。

維持管理業務に必要な主な工法は、主にポットホールと呼ばれる陥没した穴埋め作業や道路端部の傷んだ箇所の修繕であり、施工時に用いた工法の応用で、ＬＢＴの工事に参加した者であれば、技術的に問題なく対処可能なものである。

なお、ここで必要となるのはコミュニティの組織化である。施工時に組織化したコミュニティの組織がまだ機能していれば良いが、解散している場合は改めて再結成する必要がある。

資金は道路管理者である地方自治体が負担するのが通常であるが、予算が不足している時は、地域住民で奉仕作業をする場合もある。いずれにせよ、予算や人員の可能な範囲で補修業務の内容と規模を判断して進めていくことになる。地域の抱える課題や複雑な事情もあるだろうが、組織がそれに正面から向き合うことで、結果的に地域のコミュニティ力の養成にもつながる。

スラム開発手段としてのLBT

コミュニティ道路以外にLBTの事例が多いのは、貧困層が住むスラムの改善事業である。スラムは、スクオッターとも呼ばれ、劣悪な居住環境であり、住居登録もされておらず、不法に住み着いた住民も多く存在している。

対象となるのは、トイレや排水溝などの衛生施設、共同浴槽（水浴び場）、歩道、河川護岸などに及び、この辺りになってくると、ことさらLBTと断って考える必要もないかと思われる。

必要なのは、スラム改善のために、効果的に廉価な工法を用いること、事業を通じて地域に居住するコミュニティ住民を巻き込み、地域におけるコミュニティの一体感、組織力を高めることである。その手段として、ＬＢＴは最も有効な手段であることはお分かりいただけるかと思う。

住民参加型による施設管理運営方法(コミュニティコントラクト)

コミュニティにおける高度なＬＢＴ実施体制がコミュニティコントラクトという概念である。これはコミュニティをＮＰＯ（民間非営利団体）のような形態で組織化することにより、事業実施機関やインフラの管理者との間で指定管理者制度を適用するようなものである。

会社組織で営利を目的とするわけではないが、地域コミュニティの代表組織として責任を持ち施設の管理運営を行っていく。日本同様に、コミュニティは必要に応じて専門家を雇用・活用して施工や管理を行う。コミュニティには、住民代表からなる開発委員会（CDC）、およびその傘下として建設委員会（CCC）を設置し、この建設委員会が開発委員会より工事を受託して責任を負う形態を取る場合が多い。

これまで述べてきたように、インフラ整備にコミュニティの住民自らが関与することは、地域の一体感を醸成するという利点に加えて、道路などのインフラ施設を地域で管理すべき重要な資産として自らが認識するようになる効果が上げられる。これをオーナーシップと呼ぶが、この意識はコミュニティの住民が地域のインフラを整備、補修する工程を通じて初めて育まれていくことが可能となる。

第3章

「LBTの実績」

アフリカで関わった技術支援

ＬＢＴの実施体制や組織、施工や管理の方法についてを第２章では取り上げた。続いて、途上国へのＬＢＴの導入経緯、実績、取り組み状況や事業効果についてを、第３章では詳しく紹介したい。

なぜＬＢＴが途上国においてインフラ整備の有効手段として注目されているのか、その理由が明らかになるだろう。

LBTの歴史をひもとく

ＬＢＴの歴史は古い。そもそも古代エジプトのピラミッドやローマ時代の街道、中国の万里の長城でさえ人力のみのＬＢＴで建造されたものである。

第５章で後述するが、国内も同様に、建設機械が発達していなかった奈良時代の大仏の建立や江戸時代の町並み整備などの事業もすべてＬＢＴで行われてきた。この事実から分かることは、相当規模の事業も人力だけで、しかも高い品質で施工することが可能であるということだ。

もちろん今日は、あえてＬＢＴを用いて大型事業を施工する必要はない。その理由は、建設機械を用いて施工したほうが迅速で安全であるという効率面、人件費の高騰により機械を用いたほうが安上がりであるという費用面の二つの理由からによる。

しかし、この理由が成立しないアフリカをはじめとする多くの途上国の場所や地域においては、ＬＢＴは今なお比較優位性が高い工法なのだ。

途上国のインフラ整備手法としてＬＢＴが着目されたのは１９６０年代後半からであり、世界銀行（ＷＢ）によって導入のための研究や試行が行われてきた。

１９７０年代前半までの調査研究により、条件によっては、ＬＢＴは機械施工と比べて技術的にも経済的にも優位性があると認識されるようになった。これ以降、本格的に途上国へ紹介、導入されるとともに、ＬＢＴの施工技術に関するマニュアルや技術ハンドブックも、ＩＬＯ（国際労働機関）をはじめとする国際機関や事業実績のある政府機関から数多く刊行されている。

これまでの研究によると、現在までＩＬＯによりＬＢＴに関する技術協力・支援が実施された国は52カ国に及ぶ。アフリカをはじめほとんどの途上国において適用が試みられている。

それぞれの国は、インフラ整備、貧困削減、雇用創出などの政策に応じてＬＢＴを実施している。期待される効果は**表４**に示す五つであり、それに応じて11の主な支援活動が実施されている。

表4　各国の社会情勢に応じたLBT支援活動

対象国の社会情勢	LBTに期待される効果	主な支援活動
一般国*1	①地方道路整備と維持管理、アクセス改善 ②雇用確保、雇用創出 ③貧困削減 ④地方分権化に対応した自治体や小規模建設業者の育成、能力開発 ⑤コミュニティ開発と住民の収入向上	①施工と維持管理（パイロット・プロジェクトを含む） ②デモンストレーション工事 ③農業開発案件との連携 ④住民参加によるコミュニティ開発支援 ⑤政策立案の作成 ⑥技術基準、技術マニュアルの作成 ⑦ LBT に関係する組織体制の設立支援・強化 ⑧技術研修、カウンターパート研修 ⑨普及促進活動、セミナー、ワークショップの開催 ⑩社会・経済調査、LBT と EBT の比較調査、共同研究 ⑪大学の講座設置
紛争影響国*2 （ブルンジ、コンゴ、コンゴ民、モザンビーク、シエラレオネ、南スーダン、マダガスカル、ウガンダ、カンボジア、東ティモール、アゼルバイジャン、エルサルバドル、ハイチ、ニカラグア）	①平和構築、避難民の帰還・定住 ②災害復旧 ③食糧確保、食物貯蔵 ④地方道路整備と維持管理、アクセス改善 ⑤雇用確保、雇用創出 ⑥貧困削減	①施工と維持管理（パイロット・プロジェクトを含む） ②農業開発案件との連携 ③ LBT に関係する組織体制の設立支援・強化 ④技術研修、カウンターパート研修

＊1　一般国は、紛争影響国に該当しない国

＊2　紛争影響国は、平和構築を目的としたLBT事業がこれまでに実施された国、政情不安により事業が中断した経験がある国、および災害復旧を目的としたLBT事業が行われた経験のある国

出典：2012年JICA報告書『アフガニスタン国カブール首都圏開発推進プロジェクトLBT（Labour Based Technology）導入可能性検討調査報告書』より

紛争影響国の場合は、さらに平和構築、食糧確保の二つの効果が付け加わっている。

LBTによるさまざまな支援

LBTの代表的な支援機関であるILOは、EIIPと呼ばれる雇用重視型プログラムを通じてLBTの実施、支援を行っており、LBTに対するILOの支援はすべてこのEIIPを通じて行われる。

その内容は、農村アクセスの改善により住民の所得の向上と雇用機会の発生を目的とするものであり、①地域計画、②LBT、③小規模業者の育成、④インフラの維持管理の四つのアプローチを通じて、プログラムの目標でもある持続可能なインフラ開発を目指している。

ILOは、これまでも数多くのLBT技術基準・マニュアルを作成、出版しており、事業支援、技術協力も主体的に進めてきた。

ILOは世界各地に事務所を開設し、各国への事業支援、技術協力は事務所を通じて実施されており、必要に応じてコンサルタントを雇用し技術専門家を派遣することにより技術協力を行っている。このようにＩＬＯはＬＢＴに関して幅広い支援を行っているが、基本的には国際的な政策支援機関であり、実際の事業は技術協力の経験を有するほかの国際機関や援助実施国と協調して事業を進めている。このほかにも世界銀行や国連開発計画（ＵＮＤＰ）などの国際機関がコミュニティ道路やＬＢＴに関する技術支援を行っている。

なお、ＩＬＯはＬＢＴの普及促進のためにＬＢＴの国際会議“ILO Regional Seminar for Labour Based Practitioners”（ＬＢＴ実務者のためのＩＬＯアフリカ会議）を隔年アフリカで開催している。これは世界中で行われているＬＢＴ業務の現状報告会のような性格を有している。

第16回目となる２０１５年は、ベナンの主要都市であるコトヌーにおいて29カ国から３６０名の参加者が集まり開催された。私も参加した同会議のテーマは「質の高い雇用機会の提供と貧困削減のための公共事業の実現」で、開催期間中には現場視察も盛り込まれ、インフラ整備を通じた貧困削減方策や今後の地方道路整備のあり方について議論が行われた。

日本が主導するLBTの技術協力

人力を用いた住民参加による労働集約的な施工方法は、「道普請《みちぶしん》」の用語に知られるように古来より日本において各地で行われてきており、戦後も失業対策事業（失対事業）として雇用創出に貢献してきた。

これまでLBTが実施可能な条件としては、インフラ整備の必要性が高いものの、雇用されていない労働力が多く、貧困地域であり、施工機械を購入するための外貨が不足している地域とされてきた。従って導入の目的もイ

タンザニアやガーナでLBTの技術協力に関わってきた筆者（写真右）

ンフラ整備、雇用創出、貧困削減の三つが強調されている。

一方、２００３年に策定された日本のＯＤＡに関する中期政策においては「人間の安全保障」の視点を大きく取り上げ、「人間の安全保障」の実現に向けた援助のアプローチとして、人々を中心に据え、人々に確実に届く援助、地域社会を強化する援助、人々の能力強化を重視する援助、脅威に晒《さら》されている人々への裨益《ひえき》を重視する援助などを標榜していた。

ＬＢＴは貧困に直面し、かつインフラ整備を最も必要としている地域住民のために行われる住民参加型の事業方式であることから、中期政策が取り上げている「人間の安全保障」の視点とも合致し、とりわけ紛争影響国においては地域社会の回復や安定に向けた有効な手法であると考えられたのだ。

このような当時の社会背景に加えて、「アフリカ開発会議（ＴＩＣＡＤ）」を開催して日本がアフリカ諸国への経済開発や貧困削減の支援を強化してきたこともあり、日本もＪＩＣＡ（国際協力機構）を通じて数多くのＬＢＴ案件を支援することになった。なお、ＪＩＣＡは、事業実施におけるＬＢＴの活用化を図るため、「ＬＢＴガイドライン」を2012年に策定している。

これまでにJICAがLBTに関係する経済・技術支援を実施した国は、アフリカを中心として計11ヵ国に及んでいる。その内容は、アフガニスタンの首都カブールのカレーズ（伝統的な小規模地下水路）の改修事業、東ティモールのコミュニティ道路整備支援事業などがある。インフラ整備を最も必要としている地域に対して、社会の回復・安定を目指し、人々の能力強化を重視するとともに、住民参加型のコミュニティ開発手法としてLBT事業を位置付けている。

ここでは、私が関与しているJICAの技術協力によるLBT案件の事例を紹介しよう。

タンザニアにおけるLBT技術普及の支援

タンザニアでは、全長約8万5000キロといわれる道路ネットワークのうち、舗装されている区間はわずか7・5％に過ぎず、また、約5万キロに及ぶ地方道路（地方自治体の管轄）においては通行状態が良好であるとされている区間は10％にも満たない。このような状況下で、資金不足から維持管理が行き届いていない地方道路において、LBTを活用した道路開発・維持管理の有用性がこれまでも指摘されていた。

ところが、それまではNORAD（ノルウェー開発協力庁）、DANIDA（デンマーク国際開発援助）などによって特定の地方自治体へLBTの活用が試みられ、その有用性が実証されても、その知見は共有されず、それぞれのプロジェクトが終了すると、LBTの技術も普及が図られなかった。

そこで、タンザニアの公共事業省は、こうした問題認識を踏まえ、2003年に、①LBT政策の策定、②LBTに関する情報センターの設立、③LBT研修体制の構築などを構成要素とするプログラム（LBT適用拡大計画）を作成し、実施に移すこととした。

本プロジェクトは、同国政府からの要請に基づき、プログラムのうちLBT研修体制の構築を支援するものであり、適正技術研修所（ATTI）を実施機関として、2006年から2011年までの5年間にわたり、研修実施能力強化を中心とした活動を行うものであった。

ＡＴＴＩは、公共事業省傘下の研修機関であり、タンザニアの主要都市であるダルエスサラームから距離で８３５キロ（車で約13時間）のムベヤ州ルングゥエ県に位置している。ＡＴＴＩは、プログラムにおいて国家的なＬＢＴの研修担当機関として明確に位置付けられているものの、プロジェクト開始当初は、校長および６名の講師により、年２回の短期研修および地方自治体への不定期の出張研修を実施するだけに留まっており、国家的な研修拠点として実質的に機能するためには、組織および人員の強化、研修計画策定能力の強化、研修実施能力の強化などが必要とされていた。

そこでプロジェクトの目標は、ＡＴＴＩに、タンザニア国道路事業におけるＬＢＴの国家研修機関として必要な能力であるキャパシティ（研修の実施機能および調整機能）が備わるようにするというものである。これにより、次に示す成果を達成することが期待された。
●ＡＴＴＩ内にＬＢＴ研修を実施する機能が十分に備わり、恒常的な実践研修が実

施されるようになる。（LBT研修実施体制の確立ならびに研修の実施）

●タンザニアにおいて、LBTの認知促進にかかる先導的な役割を果たし、関連機関との中核機関となる。（LBTの認知促進とATTIと外部環境の整備・強化）

プロジェクトの専門家チームは、私を含む計5名であった。このプロジェクトでは、研修を実施する側の人材を育成するため、配属先の関係者（カウンターパートと呼ぶ）に対して、単に研修指導をするための技術に留まらず、地方道路の整備、維持補修業務に関する広範な知識を指導するようにした。

また、タンザニア側も地方道路整備に関するLBT研修の予算を十分に配分してくれたこともあり、研修事業や受講生の数など、プロジェクトは予想をはるかに上回る成果を達成することができた。

ところが、プロジェクト完了後は、地方道に関する国の予算配分の見直しから、LBTに向けられていた研修事業費が大幅に削減されてしまい、研修の実施数も減少してしまった。途上国では起こりがちなこととはいえ、プロジェクトに関与した者としては非常に残念に思っている。

しかしながら、我々が教えた瀝青材《れきせいざい》を用いた簡易舗装技術の研修事業や、ＪＩＣＡが進めるソマリア向けのＬＢＴ研修事業に対する協力など新しい展開も見せており、ＡＴＴＩの今後のさらなる発展を期待したい。

このように、途上国における技術協力プロジェクトは、完了後も持続性を確保していくことは難しいが、このプロジェクトはＪＩＣＡが手がけたＬＢＴプロジェクトの第１号案件となり、一定の成果を収めたことが、その後日本がＬＢＴ案件を支援していく契機となった記念碑的な案件である。

タンザニアにおける地方道路の制度支援の取り組み

前述したＬＢＴ技術普及の支援により、ＡＴＴＩのＬＢＴ研修機能が強化される一方で、タンザニアの地方道路は、これまで適切な維持管理が実施されてきたとはいい難い。その原因としては、そもそも維持管理制度が確立していないこと、財源の不足、技術や経験の不足、機材の不足、執行予算の遅延問題などが指摘されていた。

そこで、地方道路に関する一連の課題を解決すべく、さらなるステップとして2012年より2016年にかけて、「タンザニア国地方道路技術開発プロジェクト（RMSD）」が実施された。

このプロジェクトは、ATTIに対する前述した技術協力プロジェクトの経験を踏まえ、LBTの技術も活用しつつ地方道路の開発・維持管理の技術普及を目指すものであった。

プロジェクトの担当機関は、地方自治体の統括機関である首相府地方自治庁（PMORALG）。プロジェクトでは、効率的な地方道路整備に関するさまざまな取り組みを図るため、タンザニアの中部に位置するドドマとイリンガの州から各二つのモデル県を設定し、そこでの試行的な政策・試験施工を通じて県政府の道路維持管理能力と実務的な技術スキルの向上を図るほか、県政府の活動を監督・指導する中央政府の支援・調整機能の強化、モデル県から州内の他地域への普及を支援することを目的とした。

プロジェクトの専門家チームは、私を含む計11名。このプロジェクトの期待された成果は次のとおりである。

●地方道路の維持管理事業において、建設省（MOW）の協力のもと、全国の州・県自治体に対する地方自治庁の支援・調整能力を強化する。
●モデル県における地方道路維持管理プロセスを強化する。
●LBTを通じて、地方道路の維持管理についての実用的なスキル・知識が向上する。
●地方道路の維持管理手法を普及するための仕組みが両州内で構築される。

地方道路だから高度な技術は必要ないと思われるかもしれないが、基本的な制度なり技術を正しく社会に定着させることは極めて難しい事業である。

そのため、このプロジェクトでは、いきなり全国レベルで管理制度や適用する技術指針を変更するのではなく、モデル県として設定した二つの県レベルで実験的にあれこれ適用し、成果を実証してから他県へ普及するような手法を採用した。

最終的には、一緒にプロジェクトで活動したタンザニアのカウンターパートの貢献もあり、全国で使用する地方道路整備の技術ガイドラインを策定するなど大きな成果を上げることができた。多くのタンザニアの関係者にも満足してもらうとともに、彼らにとっても大きな自信を持ってもらえたと思っている。

ガーナにおける簡易舗装技術支援の取り組み

２０１６年２月、ガーナにおいてＬＢＴによる瀝青表面処理工法プロジェクトが正式に開始した。このプロジェクトは、３年間にわたり、ガーナの地方道路を対象として行われるものである。

ガーナの地方道路の表層は、主にグラベルで作られており、雨期の激しい降雨の影響で洗掘により強度が不足し、毎年のように維持管理のための表層の工事が必要になっている。この負担を少しでも減らすには、表面を舗装することが有効である。

一方、地方では、産業も限られているため雇用を増加させることが課題となっており、道路省地方道路局（ＤＦＲ）はＬＢＴに着目した。ＬＢＴでは、工事費の多くの部分が人件費として労働者に直接支給されるため、地域経済に大きな裨益効果が期待される。これまでガーナにおいては、ＬＢＴは主としてグラベル道路に適用されており、舗装工事に適用された実績はなかった。このため、本プロジェクトでは、ＬＢＴでも施工が可能な瀝青材を用いた舗装を適用できるよう、対象地域である同国東部州における試験施工を通じて、技術開発とその定着化を図るものである。

また、ＬＢＴを実施するには、政府機関の政策的手法だけでなく、民間セクターの育成も欠かせない。ガーナではその体制も整っており、ＬＢＴの研修所も設立し、民間建設会社に対してもＬＢＴのトレーニングをすでに実施している。現在は、60社以上の建設会社がＬＢＴ施工会社としての認定を受けており、ＬＢＴ事業を実施するなど、ガーナでは政府側・民間側ともにＬＢＴを実施する体制が非常に良く構築されていることから、新しい技術を適用する本プロジェクトもＬＢＴや地方道の技術普及には一翼を担うかもしれない。

プロジェクトに参加する専門家チームは、私を含む計10名となっている。ＬＢＴによる瀝青表面処理工法は、従来のグラベルによる施行と比べると高価ではあるが、アフリカの経済発展にともない今後極めて需要が高い分野である。しかし、同国のみならず安全で効果的な活用方法が定着しておらず、本プロジェクトに対する期待は大きいものがある。

さまざまな地域におけるＬＢＴ

日本が主導するＬＢＴのプロジェクトは、合計でも20件程度であり、数こそ決して多くはないが、コミュニティ開発の一環として行われたユニークな案件が多い。

紛争影響国におけるコミュニティ開発として高い成果を上げたものとしては、２００８年から３年間実施されたコンゴ民主共和国のバ・コンゴ州カタラクト県コミュニティ再生支援調査がある。

これは、州内のコミュニティ道路の改修、維持管理を住民主体で実施し、コミュニティの再生を図るものである。特徴的な点は、道路の整備水準をあえて住民で管理できるレベルに抑え、住民のみで運営できる維持管理組織を沿道に組織したところにある。

このプロジェクトでは、各村の代表者に研修を通じて知識・技術を移転するとともに、通行料システムを導入し、維持管理活動費を自主的に徴収するなど、活動の強化・継続を図った。

当時JICA職員としてプロジェクトを監督した吉備国際大学の畝伊智朗《たんぼいちろう》教授によると、プロジェクトの終了後も、その成果を自主的に模倣した取り組みが周辺地域で発生しているという。自分たちにとって役立つもの、確実に利益が上がるものであれば、放っておいても勝手に制度や仕組みが広がっていくという素晴らしいビジネスモデルの一例である。

都市部におけるコミュニティ開発の事例としては、2014年から2016年にかけて行われた「コートジボワールの大アビジャン圏社会的統合促進のためのコミュニティ緊急支援プロジェクト（COSAY）」がある。

コートジボワールでは、クーデターなどを起因とする社会および経済の混乱に乗じて都市人口が増大している。大アビジャン圏では300万人の難民や国内帰還民が発生しており、市内のヨプゴンコミューンおよびアボボコミューンの二つの区には都市貧困地区が形成されている。これらの地区では、社会インフラ施設の不足や高い失業率などが不安定要因となっている。この協力では、LBTによる道直しなど社会インフラ整備事業の実施を通じて、コミューン・オフィス職員のプロジェクト実施監理能力の強化を支援した。これにより、コミューンの安定と社会的統合の促進に寄与した。

また、やはり内戦による地域復興のため、スリランカ北・東部州を対象として「コミュニティ・アプローチによるマナー県復旧・復興計画（MANRECAP）」が2003年から4年間実施された。このプロジェクトは、行政（県）と住民組織との契約により、住民組織自身が工事を実施する方式として「コミュニティ主導による復旧方式（CMR）」を採用し、工事実施を通じ、住民組織のオーナーシップの醸成、組織力および運営・経理能力の向上を図ったものである。契約の受注を通じて、住民組織の活動原資の蓄積にも効果を上げるなど、スリランカ側からも高い評価を得た。

この経験は、その後スリランカで実施された住民参加型の農村復興計画における農村インフラの整備などに活かされている。

アフリカでも活躍する土のう

最後に、日本の伝統的な土木工法である「土のう」を活かした道直しの活動について紹介したい。

この活動をサブサハラアフリカ諸国（サハラ砂漠より南のアフリカ諸国）をはじめ世界中の途上国で展開しているのが、日本のＮＰＯ法人道普請人《みちぶしんびと》（理事長：木村亮《まこと》・京都大大学院工学研究科教授）である。道普請人のＷＥＢページ（http://coreroad.org/）から、その活動の概略を引用してみよう。

現在、アフリカをはじめとする途上国の道直しの現場では面白いことに、土のう（Do-nou）という土木の専門用語が立派に共通語として通用する。それは皆さんにも馴染みがある防災の時に使われるあの土のう袋のことであり、これを道路の地盤改良に用いているのだ。

途上国の多くは道路の整備は不十分で、未舗装の土のものが主流であり、農村部においてはほぼ100％未舗装の状態だ。

途上国の多くは農業国でありながら、農村インフラ（農道、溜《た》め池など）の整備が進んでいない。乾期がある国では、雨期になると道がドロドロになって通行できない箇所が出てくる。幹線道路は舗装してあったとしても、村に続く生活道路は未舗装で、雨が降ると車が泥の中にはまって（スタック）、脱出できなくなる。

農民は空とにらめっこしながら雨が降るのを待ち、雨期が始まると畑や田んぼに種を蒔《ま》く。雨が降ると農作物は成長するが、肝心の道もぬかるんでしまい作った野菜を市場へ運搬することができなくなってしまう。

道がこんな状態では、いくら病院や学校を作っても住民がたどり着けない。農村でせっかく収穫した作物を市場まで運ぶことができず、腐らせてしまう。こうして農村の人々は貧困から抜け出せないでいる。貧困削減に向けてどのような方策が有効なのであろうか？　村の農道や生活道路は、すべてがぬかるみ通行できなくなるわけではない。しかし道は1カ所でも不通になるとその機能を果たさなくなる。一般的には2キロ程度の道であっても、不通になる箇所は数カ所に過ぎず、1カ所10〜50メートル程度修復すれば事足りる。

そこで土のう工法の出番となる。お米やセメントなどポリエチレン製の袋の中に土を入れ（土のう）、それを並べて車が通って沈んだりぬかるんだりしないような、丈夫な土台を作る。これを杵《きね》のようなハンドランマーあるいは俗称「タコ」と呼ばれる木製の重りを落として、土のうを突き固め（締固め）る。

まずドロドロになった箇所をスコップや鍬《くわ》で取り除いて、2層の土のうに置き換える。土のうの大きさは40センチ×40センチ、重さは25キロ、厚さは10センチ程度が目安である。強度を保つため2段並べて表面は車のタイヤによる摩擦で袋が破れるのを防ぐため5センチの土を被せる。基礎的な直し方は以上である。

土のう用の袋や土の値段、運搬経費によって工事費は変わるが、幅3メートル程度の道で、1人で1日あたり2メートル直すことができ、経費は1メートルあたり20

0～800円となる。
多少砂利混じりの普通の土（グラベル）で、土のうは十分力を発揮する。袋は穀物や米用の袋を用いて使用するため、世界中どこでも入手しやすい。一袋20～30円と途上国の人々にとっては多少高価であるが、中古の土のう袋でも大丈夫である。

予算的な制約もあり、田舎の農道を政府はなかなか補修してくれない。しかし、これまで今までの道を、自分で補修することは難しいと思っていた人々が自ら道を直そうとしている。うまく補修すれば10年は長持ちするという。

ケニアでは、土のうで道直しをする方法をマスターした農村グループがいくつか集まって、「土のうで道を直す組合」を作り、地方の政府に土のう袋代や工事用のグラベルを運搬するトラックを借りる交渉をするようになった。
政府の技術者にも土のうによる道直しの効果を説明し、住民が道を補修している現場に来てもらい、自分で土のうを強く締め固め強固な土台になることを経験してもらっている。

木村教授は、日本に昔から伝わる「普請《ふしん》」の考え方がアフリカで役立つと語っている。第5章でも後述するように、普請の語源は、普《あまね》く請《こ》うから来ている。江戸時代など昔から一般の住民たちによって寺社や農道、用水路、堤防など公共的なインフラ整備に用いられた手法であり、一緒に労務に従事することで自分たちに必要なインフラを整備しようとする、まさにLBTの理念と相通じる考え方である。

このように、以前はボランティアの精神で皆が力を合わせ、人が共通に使うものは自分たちで作るのがあたり前だったのである。道を普請の精神で直す人の集まり、これこそが「道普請人」だといえる。

道普請人の活動のアイデアはどこから来たのであろうか。

木村教授は1993年にJICA専門家としてケニアに赴任して以来、工学者として開発途上国の人々の幸せに貢献するにはどのようなアプローチを採ることができるだろうかと、考えてきた。その後10年間で15回にわたる現地訪問や活動を通してたどり着いたアイデアが原点となっているという。

それは簡単な技術で人々を幸せにするという、極めてシンプルで力強い発想である。土木の原点である「土」や「木」を素材として見直し、これらの有効利用と現地住民自身が実施できるよう工学者として技術力を発揮し新たな工法を提案した。また、開発フィールドワーカーとして現地住民への技術移転を通して彼ら自身が運用できる体制を構築していく。このことが、彼らのやる気と自信を引き出すことになり、このことは現地の人々の大きな幸せにつながると木村教授は考えている。

活動の幅はますます広がっており、2016年5月現在で、25カ国、距離にして137・7キロ（うち土のうによる整備距離は49・2キロ）の道を修繕してきた。その活動資金源はNPOへの会費、寄付はもとより、外務省日本NGO連携無償資金協力、アジア開発銀行（ADB）、国際労働機関（ILO）、国連人間居住計画（UN-Habitat）と多岐にわたる。土のうによる道直しの活動が、国内外から注目されているともいえる。

木村教授の教え子で、同団体の常務理事でもある福林良典氏も、右記の国内外機関や資金協力団体からの委託もしくは助成金を得て活動するとともに、自らＪＩＣＡ専門家としてケニアの「小規模園芸農民組織化計画プロジェクト（ＳＨＥＰ）」（２００６～09年）、「小規模園芸農民組織強化・振興ユニット（ＳＨＥＰ ＵＰ）」（２０１０～15年）や、東ティモールの「コミュニティ道路整備ＡＤＢ／ＪＦＰＲ協調プロジェクト」（２０１１～13年）など、土のうの技術普及に向けた活発な活動を続けている。

同じく職員の酒井樹里さんも、ミャンマーやブルキナファソという現場においてコミュニティの道づくりに励んでいる。ミャンマー、ケニア、ブルキナファソでは現地事務所を設置し、広域展開に向けたローカルスタッフの育成も進む。

途上国の人々が、自分たちでできるのだという喜びを得て、金銭的に豊かになることが、貧困への脱出になると道普請人は考えている。まずは自分の意識を変えること。遠回りのようだが、それがその国の力を蓄え、貧困削減につなげることができるのであろう。

写真提供：NPO法人道普請人

第４章

「日本でも活用されるLBT」

“奇跡の村”の秘密もＬＢＴにあり

これまで途上国が取り組んでいるＬＢＴの事例について紹介し、ＬＢＴが途上国のインフラ整備やまちづくり活動にどのように貢献しているのかを明らかにした。

第４章では、地方創生に向けて国内におけるＬＢＴの適用可能性について検証するため、長野県下條村など、国内の類似事業の事例を取り上げ、その実態や効果および課題を整理していきたい。

日本におけるLBTに似た事例

21世紀の今日、経済発展のために途上国が積極的に大型インフラ案件を導入しようとする一方で、多くの国では依然としてＬＢＴの案件も実施されている理由は何であろうか。

それは、大型プロジェクトだけでは恩恵を受けることができない地域において、身近なインフラを整備する手段として、そしてコミュニティの活性化を図る手段として、ＬＢＴは最も効果的な手段だからではないだろうか。インフラを必要とする者がそのインフラを整備するという、普遍ともいえるインフラ整備本来の意義と役割がＬＢＴには明確にある。

従って、財政難や人材不足といった途上国と同様な課題を抱える日本の地方においても、有効なインフラ整備・まちづくり工法として、途上国で用いられているＬＢＴから、我々が学ぶべきことは多い。

ところで、果たして途上国で使われているＬＢＴが、国内の地方で実施されるイン

下條村中心部の遠景

フラ整備やまちづくり活動にもそのままの形態で適用可能なのか、その有効性はどうなのか。

その検証のため、国内で行われているＬＢＴ類似事業の代表例として、長野県下伊那郡下條村で行われている住民参加型のインフラ整備事業の取り組みについて詳しく見ていきたい。

「奇跡の村」下條村の挑戦

まずＬＢＴの類似事業といえる「建設資材支給事業」を積極的に推し進めている長野県の下條村の事例について詳しく紹介したい。

下條村は、長野県の最南端下伊那郡のほぼ中央に位置し、人口３８５２人、１２８０世帯（２０１７年2月1日時点）、総面積は38・12平方キロで、標高３３２メートルから８２８メートルの間に34の集落（地区）が散在している。林野が69・49％を占める山村であり、特産品としては蕎麦《そば》、辛味大根、干し柿で有名な市田柿などの農作物があり、林業も盛んである。

一見どこにでもあるような中山間地の村でありながら、下條村はこれまで行財政改革や少子化対策に成功したことによって「奇跡の村」として脚光を浴びている。全国の多くの自治体関係者、議会、市民団体などから視察が相次いでいる。

村が注目を浴びている理由は、人口に占める若い世代層の割合が増えていること（0歳から14歳までの人口比率は14・5％と県下5位）、子供の出生率が増えていること（2015年の合計特殊出生率は1・82人と県下第1位。日本の平均は1・46人）などがある。村は、若い夫婦の子育て支援のため、村の予算で村営住宅を整備した。費用は下條村に隣接して通勤可能な飯田市と比べてほぼ半額となっている。さらには保育園の整備や子供の医療費の無料化などの施策も効果を上げている。

財政も健全であり、経常収支比率67％をはじめ、基金残高も67億5000万円と高い数値を示し、借金返済の程度を示す実質公債比率もマイナス6・4％と極めて優良な数字が並んでいる。

このようなユニークな施策で下條村をこれまでリードしてきたのは伊藤喜平・前村

長である。１９９２年から６期24年間にわたり村の行政を改革してきた。手始めに職員の意識改革から取り組み、職員数の削減、下水道を敷設せず、運営費用が安い合併浄化槽を導入し費用を削減するなど、その功績は大きい。

このように下條村では地域活性化に向けてユニークな施策がさまざま取り組まれているが、本章で紹介したいのは、住民向けの生活インフラ整備の「建設資材支給事業」である。資材支給事業は、１９９２年から始まり、すでに25年以上の実績を有している。２０１６年現在で村内１６４７ヵ所の施工が行われており、規模は年間約５００万円、実施件数は例年30〜50件程度となっている。つまり１地区で毎年１〜２件程度の事業を実施していることになる。

資材支給事業は、地域住民の生活環境を整備し、地域住民自ら施工する工事に対して、村が資材を支給し、住環境整備ならびに地域住民の連帯を図ることにより、より良い村づくりを進めることを目的とする事業である。費用は国や県などの補助金を一切利用せず村の財源で実際されている。

対象となる工種は次のとおりであり、あくまでも国土交通省や中日本高速道路、県の事業ではなく、村が管理主体となる生活インフラ施設に対して適用されている。

●村道整備（受益者3名以上の舗装・敷砂利・側溝敷設・横断工・甲蓋《こうぶた》・グレーチングほか）
●農道整備（受益者3名以上の同事業内容）
●水路整備（受益者3名以上の土側溝の整備・漏水箇所の整備・取水施設の整備ほか）
●そのほか村長が必要と認めた工事

事業の流れは、まず地区の代表である区長、常会長（区内にある地区）、水利組合長などが施工希望者（区民・受益者など）より事業の必要性を確認したうえで、村役場あてに申請する。これを受けて、村は申請が適当であると認めた場合、施工代表者へ通知し、希望資材の支給を行うものである（**図5**）。

支給対象となる資材は、①生コンクリート、②砕石など（骨材）、③側溝の工事などに用いる二次製品となっている。

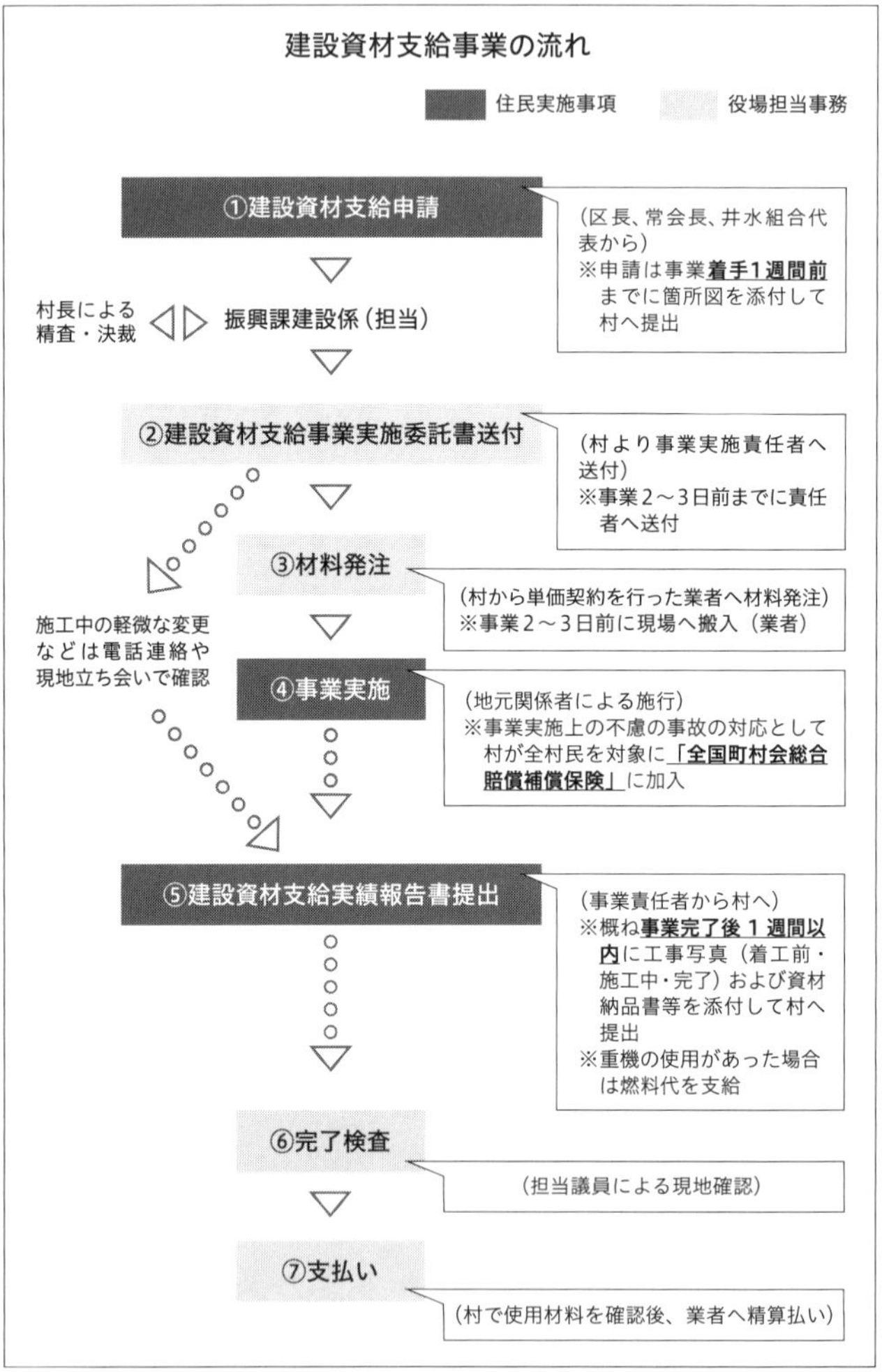

図5　建設資材支給事業の流れ　出典：下條村HP

1件あたりの支給額は10～20万円程度であり、道路の場合はコンクリート舗装の工事で幅3メートル、距離50～100メートル程度の規模である。目安として半日から1日分の作業で完成する工事量となっている。

それでは資材支給事業はどのように進められるのだろうか。2016年の9月3日、実際に村の小松原地区で行われた工事を視察に行ってみた。対象は、小松原線とも呼ばれる道路であり、麓《ふもと》にある地元の氏神を祭る小松原神社の脇から山頂に至る林業および柿などの畑へ続く農業の活用を目的とする道である。

この道は、水田、居住地区の境でもある麓

住民たちが資材支給事業を活用して行う道直し

の小松原神社より山頂に向けて、延々と500メートルほど資材支給事業により住民がコンクリート舗装で整備してきた。

実は、下條村には「道役《みちやく》」という住民による無償の共同作業を行う制度が昔からあった。「お役」とも呼ばれるこの作業は年1回程度、各戸から1名が参加して、道の補修や拡幅、入会地（神社や氏神などを祭っている公共的なスペース）の除草・清掃などの作業を行っていたようである。小松原地区では、資材支給事業を活用して「道役」による道直しを毎年9月の第一土曜日に実施している。私が行った日もその日だった。

当日、地区のメンバーを、神社脇参道の枝打ち・除草の担当、および道直しの2チームに分けて作業を行った。道直しのメンバーは区長の代田昇《しろたのぼる》さんなど計11名である。若い人も多かった。

時間は午後1時開始。メンバーの皆さんは自宅から農工具の鋤簾《じょれん》をかついで現場に集まってきた。毎年の恒例事業なので住民の方々は仕事に精通している。何より区長の代田さんが建設会社に勤務しており、自らホイルローダー（バケット容量0・4立法メートル）を操作して現場打ちのための生コンの運搬作業を行ったことから工事はスムーズに進み、何ら支障もなく、目標である50メートルの施工を予定どおり2時間程度で完工した。

作業の役割分担もスムーズであり、コンクリートの巻出し、鋤簾を用いた敷き均《なら》し、舗装厚（高さ10センチ）の調整、目地の据え付け、竹ぼうきを使った路面の刻み入れなどが行われた。

木陰で暑さを防げたこともあり、それほど疲労感もなく、一仕事後は差し入れのリンゴをほお張り、冷たいお茶で水分補給をしてから下山した。

下山途中では、各々が横断排水工や側溝に詰まった葉や泥を掻き出す作業を自主的に行うなど、「道役」を通じて垣間見られた何気ない行為の中にも村民の高い公共意識が感じられた。

下條村で建設資材支給事業が定着した理由

住民たちで自らのインフラ整備を行う下條村の資材支給事業は、これぞまさしくL

ＢＴと例えられる事例であり、事業が村の暮らしの中に確実に定着している。

それでは、なぜこの事業が下條村の住民たちに好意的に受け入れられ支持されているのか。資材支給事業が始まった経緯やその効果、参加住民の意識などからその要因を事例より整理してみたい。これにより、国内においてＬＢＴが普及するための要件と普及を妨げる要因について分析する。

事業が始まった経緯

下條村の資材支給事業は１９９２年から始まった。導入された経緯は、伊藤前村長が実施していた役場職員や町民への意識改革の一環による建設事業費の削減によるものである。発案は、２００万円以下の小規模な工事は住民自らで進めてもらいたいという提案だったという。

当初は住民も面食らったようであるが、「道役」の慣習が根付いていた地域だったことから、次第に村に定着していくことになる。初年度は25件、５００万円の実績であったが、２年目は倍増した。事業費（数）とも徐々に増大し、住民の生活に密着したコミュニティ・インフラの整備に大きな貢献を果たしてきた。

事業の効果

一般に道路事業によって発生する効果や経済的な便益としては、渋滞の緩和や交通事故の減少、走行快適性の向上、沿道環境の改善などがある。資材支給事業の場合は、最低3名程度の受益者を対象とする極めて小規模な生活インフラであり、経済的便益を定量的に評価するのは困難であるが、村の事業予算の削減効果は極めて顕著である。

実績から公共土木工事と比較して次のような事業費削減効果が確認できる。

資材支給事業で整備された道路。「平成23年9月17日」とあるのは完工日だそう

●道路改良舗装工事　延長１００メートル、幅員５メートルの場合、約10分の１
●コンクリート舗装事業　延長１００メートル、幅員４メートル、コンクリート厚８センチの場合、約４分の１

村も補助金などを得て道路を作る場合は、「道路構造令」と呼ばれる国の基準に準拠した規格が求められる。しかし資材支給事業では、現地の地形や交通量に応じて幅員を基準より短くするなどの柔軟な運用を行っている。さらには住民が自ら労働者として工事に参加することから事業費は大幅に削減されることになる。コンクリート道路舗装の場合、１メートルあたりの施工単価はわずか３０００円程度である。

工事参加者にヒアリングしたところ、自分たちが作ったインフラ施設そのものに対する満足度も非常に高く、品質に対する自負すら感じられた。プロジェクトに参画した者のみに実感できる達成感であろう。

実施方針、選定の基準

資材支給事業の特色・効果を村役場では、次のとおり整理している。

●地域の問題を、住民が自ら考え、自ら汗を流して対応することにより、「自助・互助・共助・公助」の考えが生まれ、村民総参加の村づくりの基本となっている。

●本事業を取り入れたことにより、住民の細かい要望に「事業の先送り」をすることもなく、迅速かつ的確に対応できる。

●住民が目標を一つにして全員で作業することにより、各地区内での親睦と交流の輪が広まっている。

●住民が自ら作った施設であり、共有の愛着（道路愛護）の精神が生まれる。

●補助事業のように工事内容などの制約がないので、地元の意向に沿った独自の施工ができる。

●コストも安くて済むため、ほとんどの箇所が単年度で完結させることができる。

●道路を拡幅する際も、地権者自身が利用し施工する道路となるので、用地交渉も容易にできる。
●施工後の管理も、地元施工の観点から地元で自主的に行うことができる。

若い世代の参加状況

小松原地区の場合は、地区内に村営住宅が2棟あり、もともと住んでいる住民と新しく移住してきた住民のちょうど半分ずつの約70世帯が区内に居住している。

工事では若い世代の方も積極的に参加していた。今回初めて参加した人も作業当初は戸惑いを見せていたが、長きにわたり事業に参加して

若い住民も積極的に参加し、地域住民との交流を深めている

いる住民の方々から親切な技術手ほどきを受けて、徐々に打ち解けた雰囲気で工事が進められていった。

個人であれ集団であれ、習得した技術・技能をより高めたいと思う気持ちを我々人間は持っているようである。この事業には技術が参加者に普及される仕組みも備わっているようだ。

また、工事完工後は、区内の公民館で「打ち上げ」と称して慰労会が行われる。盃《さかずき》を酌み交わしながら夜が更けるまで、若い住民は地元住民との親密性を深めていく。地元の主婦に伺ったところ、「道直しは、作業の後の飲み会のほうが長い」と笑っていた。

このように、資材支給事業は地域参加するための行事や祭りのような機能も有しており、地域が移住してきた若い世代を温かく受け入れ、若い世代も地域に溶け込みやすい環境や社会システムが下條村に構築されている。

村の「資材支給事業の工事／道役」に実際参加して気が付いたことは、施工自体が楽しいという事実である。元来、人は凝り性でものづくりが好きなのだ。ましてや地域の人たち皆で地域に役立つインフラ施設を作るとなればなおさらであろう。

小松原地区における「道役」は、施工する距離、参加人数が適切だったこともあり、住民と一緒に和気あいあいと工事に参加できた。年1回ということもあり、住民にとっても負担は少ない。実際に私が参加した工事作業は2時間、準備と後片付けを入れても3時間程度の所要時間で済んだ。

なぜ資材支給事業は下條村で実施可能だったのか

下條村で資材支給事業が定着した理由は、大きく二つあると私は考える。

何といっても、村には昔から「道役」と呼ばれる住民による奉仕作業が現在まで継続されてきたことが大きい。古くから受け継がれてきた「道役」という制度、決まりが受け皿となり、新たに伊藤前村長が始めた資材支給事業の仕組みにうまく組み込まれていった。これによりコンクリートなど資材供与の支援を受けつつ、行政の持つ調整能力も十分に発揮されることにより、「道役」の事業の安定性と継続性が高まったのである。

続いてもう一点は、地域に区長の代田さんのような建設技術・技能を持ったリーダーが村に存在していたことである。必ずしも区長さんが土木の専門家である必要はないが、少なくとも現場の施工時に親方のような人が工事を指揮できるということは品質面に加えて、安全面の確保からも重要な要素になる。

下條村は山間の農村である。だからこそ、その地域に継承されてきた知恵や蓄積されてきた多様な技術・技能がある。それが資材支給事業へ活かされたのであり、これこそ下條村の地域力と呼べるものであろう。

下條村の存在および資材支給事業を継続的に実施していること、これは「奇跡」ではない。下條村の持つ地域力が正しく発揮されたからにほかならない。

なぜ資材支給事業はほかの地域で実施できないのか

それでは、ほかの地域と比べて下條村は果たして特殊な村であろうか。そんなことはなく、恐らく農業や建設業の従事者構成の比率も周辺地区と比較して全く変わらないはずである。

つまり、他地域において資材支給事業の制度が普及していない理由は、①下條村で発揮された「道役」のような地域における社会整備の知恵と機能が十分活かされていないこと、②地域が抱える多彩な人材を活かしきれていないこと、この二つである。

新しい制度や試みを導入することは確かに不安であり、難しく考えがちである。思わず躊躇《ちゅうちょ》したくなる気持ちも理解できる。しかし、課題解決に向けて、住民の主体性を高めて地域整備を進めていきたいと考えるのであれば、下條村の事例も参考に、地域の実情に応じた社会整備事業の手順や準備体制の手配などを進め、何より住民が楽しく、かつ積極的にまちづくりへ参加できる環境を整備していく必要がある。

そのためには、各地域で地元の歴史を振り返り、地域誌なども読み起こして、地域に培われてきた先人の事績に学ぶことである。どの地域にも必ずや「お役」、「普請」、「結」あるいは「頼母子講《たのもし》」、「無尽」と呼ばれる住民による相互扶助的な集まり、コミュニティが存在していたはずである。

かつて地域に存在した住民の結び付きや絆を再確認し、地域力を踏まえた住民主体による枠組みや制度を現代に甦《よみがえ》らせ、新たな形態として組み立てていくこと。これこそ地方創生に向けて我々に求められているテーマである。

下條村のこれからの整備方針と資材支給事業が果たす役割

資材支給事業の最盛期である1998年の実施件数は114件にも及んでいた。2015年度は35件と現在は3分の1程度の数になっている。村役場の担当者である振興課建設係の熊谷真司さんによると、これは役場が予算を切り詰めているためではなく、これまでの施工により整備を必要とする道路が減り、事業の規模が落ち着いてきたことが原因だという。

必要なければ作らない。これは公共事業の基本である。今後はこれまでに施工した道路の補修工事をする必要も出てくるであろう。貴重な予算は老朽化する施設の維持補修などの事業費として振り向けていくことになる。

なお、伊藤前村長の後を引き継ぎ、2016年8月より金田憲治《かなだけんじ》村長が新たに着任している。金田村長は、村が取り組むべき重要な施策として①人口の増加、②農業の活性化、③防災・減災、④リニア開通に向けた交通ネットワークや村内インフラの整備を掲げている。

村の中長期的な施策を構想するうえでも、事業の効果的な実施と住民の意識向上を図ることは欠かせない観点である。資材支給事業は、村の活性化を図るための重要なツールとなっている。

このようにほかの地域も、下條村の事例を参考として独自の観点から資材支給事業のような住民参加型のインフラ整備事業を活用することは、地域活性化に資する有効な手段であると考えられる。

その他の地域で実施されている建設資材支給事業の類似例

全国には、下條村以外にも建設資材支給事業と類似の事業や制度を取り入れている自治体がある。そのうちのいくつかは下條村の事例を参考にしたものであり、全く独自の取り組みによって創意工夫を重ねてきた事例もある。名称はもとより、実施方法も多様な内容となっている。

全国でどのような事業が実施されているのか、確認できる範囲で紹介していきたい。


農林水産省が実施している住民参加型事業への支援

まず、国が地方に対して支援している住民参加型の事業について紹介したい。農林水産省が、住民参加型により農業の施設・インフラの整備を行っている事業制度が2種類ある。

これらの制度は、あくまでも農業の施設・インフラが対象となっているが、農道も含まれているほか、溜《た》め池や用排水路、環境整備工など地域を支えるインフラを幅広く対象としている。

農業は地方を支える主産業であり、両制度とも、住民参加を促しつつ地域の活性化を図るという観点から非常に意義深い取り組みだといえる。


農業農村整備事業などにおける農家・地域住民など参加型の直営施工

公共工事のコスト縮減、住民参加による地域の活性化を目的として、2002年より農林水産省施工企画調整室が担当している事業であり、「住民参加型の直営施工」により、比較的簡易な農業施設の工事を行うものである。

対象となる工事は、国庫補助を受けている既存の事業の一部の施工であり、対象事業（道路工、水路工、環境整備工、区画整理工）に対して、住民団体との施工作業の請負契約を結び、住民団体に対して補助金の支給を行うもので、主な概要は次のとおりである。

●身近な施設を対象とする。小規模な用排水路、耕作道路、暗渠《あんきょ》排水、環境整備工などが対象。
●農家、地域住民が主役となる。
●農家や地域住民が、自らの意志で工事に参加する。
●工事の計画・管理は事業実施主体が行う。
●市町村などの事業実施主体が必要に応じて材料を購入し支給するとともに、事業実施主体が工程管理、出来形管理（工事の品質管理）などを実施する。
●必要に応じ、外部機関の技術者を活用して工事の管理を支援する。

また、期待される効果は次のとおりである。

●住民参加により地域が活性化される。
●土地改良区などの自助努力が助長される。
●創意工夫により工事コストの縮減と農家負担の軽減が図られる。
●自ら整備した施設は愛着を持って維持管理される。

なお、住民参加の方式には、参加者に対して作業の報酬として労務費が支払われる「労務費支払い方式」と無報酬で実施される「労務提供方式」がある。

これまでの事例としては、２００４年に静岡県の中山間地域総合整備事業として龍山地区直営３工事で鳥獣害防止柵工を約１・４キロ設置したり、２００２年に大阪府の地域用水環境整備事業として狭山副池地区においてせせらぎ水路を40メートル設置したりしている。

農地・水保全管理支払交付金（旧農地・水・環境保全向上対策）

農村振興局が実施する交付金支給事業であり、２００７年度から地域共同による農地・農業用水などの資源の保全管理、および農村環境の保全向上の取り組みを支援している。

同交付金は、地域の活動団体により立案された事業計画に対して支給を行う。申請する活動団体は農家のほか、市町村、ＮＰＯなど複数団体による協働と、非農家組織の参加が義務付けられている。

農業インフラは、取水した水は幹線水路を経て農民が個人で管理する私有の農地に配分される。これまでは、農地に接続する末端の水路や農道、溜め池などを地域共同の資産として地域主体で管理をしてきた。しかし、農業従事者の減少や高齢化が進行して、農地や農業用排水などの資源をこれまでどおり地域で適切に保全管理していくことが難しくなってきている。

そこで、農地・農業用水などの資源、および地域の農村環境を守るため地域共同の取り組みと、環境保全に向けた先進的な営農活動を、総合的に実施しようというものである。

この交付金は、農地、水路などの基礎的な保全管理活動に用いられる「共同活動支援交付金」と、農業用排水路などの補修・更新など施設の長寿命化のための活動に用いられる「向上活動支援交付金」から構成される。

地元住民は、NPOなどの活用を含め組織・グループを作り、維持管理の計画を立案し、行政と「協定」を結ぶ。行政はその協定に従い、必要な資材や資金を住民グループに提供するという仕組みとなっている。組織の範囲は、集落単位から、溜め池や堰《せき》などの水系、圃場《ほじょう》（田畑）整備事業などの事業実施単位となっており、参加者（団体）は農業従事者を中心とする地域の自治会、消防団、NPOなどが含まれる。

実績としては、事業開始7年後の2014年3月末時点で、「共同活動支援交付金」は、全国1198の市町村において、1万9018組織が、約147万ヘクタールの農地を市町村と協定を結び事業に取り組んでいる。内容は、水路約30万キロ、農道約17万キロ、溜め池約3万カ所である。

住民による直営施工の主な事例としては、農村公園における植栽作業委託（福井県若狭町三宅地区など）、環境整備工における伐採・植栽作業委託（三重県幾央伊賀地区など）がある。

農林水産省では、交付金の事業が開始後3年目の2010年に中間評価を実施している。これによると、用排水路、農道、溜め池などの施設の保全活動の数値を示す「基礎部分の活動実施割合」が、国が定める要件の100％に達したことなどから、アンケートで「評価できる」と回答した市町村が96％になっている。

また、対策に取り組む地区の住民に対するアンケート調査から、地域コミュニティの活性化、地域の人と人とのつながりの変化についても改善効果が確認されている。

前述した「住民参加型の直営施工」とは異なり、この交付金制度は、農業従事者を中心とした活動構成員と国が協定を結ぶなど組織管理の面が重要視されているところが大きな特徴である。

全国で行われている建設資材支給事業の類似例

全国の自治体が実施している下條村の資材支給事業の類似事例としては、**表5**のような事例があり、25件程度の事業が確認できる。公園の花壇の整備などソフト的な事業は除外したが、予想以上に多くの地域で適用されていることが分かる。

注目すべき事業としては、長野県が行っている住民参加型事業に対する各種支援活動である。企画振興部地域振興課が実施している「地域発元気づくり支援金事業」では、市町村およびNPO法人などの市民団体による社会整備活動に対して補助金を支給している。市町村が行っている道普請事業も、この支援金を活用したものが多い。

長野県における住民活動支援の特徴は、県と市町村が連携して交付金、資材支給、資機材貸与など多様な事業を展開しているところにある。このような重層的かつ網羅的な住民に対する支援体制は長野県以外には見あたらない。

下條村の例でも紹介したが、長野県は「普請」、「伝馬役《てんまやく》」といった慣習が、今も根強く残っている土地柄であり、「出払い」、「お役」など、同様の意味を表す方言が今も通用している。これら地域の特色が活かされた結果だといえよう。

栄村の事例によると、工事を外部発注するのと比べ費用を2分の1から3分の1に

表5　全国で行われている建設資材支給事業の類似例

長野県元気づくり支援金によるもの		
1	長野県泰阜村【2007】 住民協働の道路整備事業	資材などを支給し、住民の協働作業で道路や村民グラウンド、駅などの環境整備を行い、ボランティアの育成など活力ある地域づくりにつなげる
2	長野県天竜村【2007】 協働による使いやすい道づくり事業	地区内道路を中心に村単独で改良を行う
3	長野県売木村【2007】 住民による道路一斉補修事業	村道・農林道・作業道などの維持・改良・補修工事について、受益者自らが協働して取り組む作業に対して、砕石・生コン・U字溝などの二次製品・資材などを支給する

その他		
	期間・場所・事業名	概要
1	青森県八戸市【2005～】 協働のまちづくり基本条例	市民活動や地域コミュニティ活動など市民による自主的な公益性のあるまちづくり活動を促進し、市民と行政の協働による市民主体のまちづくりを推進することを目的に実施するもの
2	青森県階上町【2006～】 （総合政策課政策推進グループ） まちづくり支援事業（ソフト）	地域が行うまちづくり事業についてその事業費の一部を町が補助
3	青森弘前市【2013～】 弘前市市民参加型まちづくり1%システム	個人市民税の1パーセント相当額を財源に、市民自らが実践するまちづくり、地域づくり活動にかかる経費の一部を支援する、公募型の補助金制度
4	岩手県盛岡市【2009～】 盛岡市市産材支給事業	盛岡市内の森林から生産される市産材の利用促進を図るために，住宅の新築、増改築の工事に市産材を使用した場合、建築にかかる経費について一定の補助金を支給する
5	秋田県鹿角市【2010～】 鹿角市農業用施設維持管理支援事業	自治会・町内会および農業用施設の維持管理組合が行う農業用施設の維持管理作業
6	秋田県仙北市【2016～】 市民参加型インフラ維持整備事業	市民が参加し生活環境の改善を図るため、地域のインフラ維持整備を行う場合、これに必要な資材の支給を行う
7	福島県伊達市【2004～】 協働のまちづくり （現道舗装づくり事業（道普請））	地域住民が施工に参加、市が原材料と機械借上料を負担し、市民と行政の「協働」による現道舗装工事を実施する
8	栃木県高根沢町【2004～】 道普請事業	・地域の方々が労力を提供して砂利道をコンクリート舗装にする事業　・舗装に必要な材料（砂利、生コンクリート、型枠、目地材）および砂利の締固め用重機の借り上げは町が提供する　・町道の整備順位を決定する“道路評価基準システム”において優先順位が低くなる路線の救済
9	千葉県酒々井市【2014～】 酒々井町資材等支給事業	身近な道路水路などを住民自ら整備・補修する工事
10	千葉県袖ヶ浦市【2015～】 資材支給事業	農道や農業用排水路の整備および補修を行う区などに対して必要とする資材を支給し、農業生産基盤の整備を図る

	期間・場所・事業名	概要
11	神奈川県秦野市【1992～】 秦野市土木事業補助金交付及び資材支給	市民の生活環境の改善を図るため、市長が適当と認める団体（事業団体）が行う土木事業にかかる補助金の交付および資材を支給を行う
12	静岡県掛川市【2005～】 スローな公共事業	市が生コンクリートの現物を支給する一方、受益者は労力を提供し、農道を舗装する
13	新潟県糸魚川市【2005～】 集落道舗装事業資材支給	各地区が行う集落内道路の舗装事業
14	長野県諏訪郡原町【2009～】 建設資材等支給・環境維持事業	地域住民の生活環境を維持するために身近な道路水路などを住民の力を借り、共同作業で維持作業をすることにより、地域の連帯と共有財産である道路水路などを次世代まで利用する意識を高める
15	長野県北安曇郡池田町【2006～】 元気なまちづくり事業	全町に協働意識を浸透させることを目的に、地域づくりの根幹をなす自治会組織の充実と支援を中心に町内33自治会を対象にした事業。ほぼ全住民が加入し、地域に密着した住民自治組織である自治会をまちづくりの中枢に据え、自治会が地域振興のために取り組むまちづくり活動や、道路・水路などの整備・補修に要する資材経費に対して補助金を交付する
16	長野県栄村【1993～】 道直し事業	地区内道路を中心に村単独で改良を行う
17	長野県飯山市【2005～】 協働のむらづくり事業 （長野県地域発元気づくり支援金も活用）	地区と市が協働して特色のある農業生産基盤の整備と農業集落における生活環境の条件整備を図ることを目的とする
18	長野県伊那市【2006～】 建設資材等支給事業	知域住民自らが地域の生活環境を整備するため実施する作業などに対し、必要な建設資材などを予算の範囲内で支給することにより、地域住民の連帯を図り、もってより良いまちづくりを進めることを目的とする
19	長野県飯田市【2004～】 協働のみちづくり（協働のむらづくり事業）	・市が材料などを支給　・区民（自治会民）が市道改良工事を施工 ・市が技術支援　・必要に応じ、市が資材、重機借上げを補填
20	滋賀県草津市【1954～】 （建設部道路課道路維持グループ） 道路補修資材支給	地域の道路（市道・農道・里道）を守り、安全の向上を図るため、町内会などで損傷箇所などを補修する。市制制定時から実施
21	滋賀県東近江市【2005～】 土木工事等補助金	地域の環境整備の向上などに資するため、市長が適当と認める自治会が行う土木工事（道路や水路など）に要する経費に対し、予算の範囲内で補助するもの
22	鳥取県鳥取市【2008～】 土地改良施設の補修等工事に係る資材の支給	地区住民が共同して行う土地改良施設の維持管理活動を促進するもの。農業振興地域内における土地改良施設の補修など工事にかかる資材の支給を行う
23	宮崎県綾町【2005～】 土木資材支給	地域集落内の道路および水路の維持補修ならびに小規模災害の災害復旧に対し、予算の範囲内において資材を支給するもの
24	宮崎県延岡市【2015～】 協働・共汗農業用施設整備事業	市と地域に暮らす市民の協働と共汗により、身近にある農業用施設における簡易な改良工事などを行う事業
25	鹿児島県出水町【2009～】 里道等整備地域支援事業	生活環境の向上を図るため、地域住民が協力して里道もしくは私道または水路の整備を行う場合に、その整備にかかる建設資材などを支給するもの

筆者、直井大地作成

抑えるなど費用削減の面からも高い効果が上がっており、下条村のみならず、住民参加型で生活道路などを自ら施工するＬＢＴ事業に類する事業が国内でも徐々に注目され始めている。

住民参加によるインフラの維持管理

これまで、社会生活における公共的な役割は、主として国や地方公共団体などの行政が主体となって担ってきた。今後の人口減少や将来的にも厳しい財政状況を踏まえると、社会の基盤整備のあり方だけでなく、社会を支える担い手の観点からも、求められるものを考える必要がある。

国や地方公共団体の財政は厳しい状況にあり、また高齢化などを背景に要望も増える中、国民一人ひとりのニーズにきめ細やかに対応していくうえで、行政だけでそれを担っていくことは限界がある。実際に、地域によっては公共交通や福祉などの社会サービスの継続が困難となるなど、地域づくりを進めるうえでさまざまな課題が生じている。

一方で、人々の社会貢献への関心は近年高まりを見せている。個人、NPO、企業などの多様な民間主体が、私的な利益に留まらない公共的な機能を担っていく気運が高まっているのだ。

居住地域のための活動について、国土交通省の調査において人々の参加意向を尋ねたところ、例えば、公園や道路などの維持管理などについては行政の領域であるとの認識が依然として高いものの、全体としては、ボランティア団体・NPOなどの団体に任せるのであればお金を支払っても良いと考えている人々が4人に1人以上いるという。また、地域活性化のための行事の企画・運営には約4割の人々が参加しても良いと考えている。

今後は、多様な担い手が地域の生活を支え活力を維持するために、防犯・防災対策、子育て支援、高齢者福祉、地域交通の確保、環境保全など、広汎な課題に対応していくことが求められる。

ＮＰＯなどの民間主体と行政、あるいはＮＰＯなどの民間主体同士が相互に有機的に連携して知恵を出し合って協働し、従来の行政が担っていた公共的な領域、公と私の中間的な領域、公共的価値を含む私の領域にまで活動を拡げていくことが期待される。

また、民間企業が本業のみを行うのではなく、その技術を活かして地域のニーズに応じた社会サービスを提供する機会も増えるだろう。地域の民間事業者、例えば重機を扱える建設業者が耕作放棄された棚田の管理などを行うなど、持っている能力を活かして地域の活力維持に対応している動きもある。

行政だけでなく多様な民間主体が地域づくりの担い手となって、その協働によって地域のニーズに応じた社会サービスの提供などを行うことは、人口が減少する社会において欠かせない視点である。このような取り組みにより、社会的コストが軽減されたり、地域経済が活性化されたりするなど、多面的な効果が期待される。

住民が参加するインフラ維持管理業の事例

財政難や以前注目された事業仕分けによる予算削減の影響により、国土交通省は直轄国道のパトロールの巡回数を2010年より「原則2日に1回」と半減させた。これにより、各地の国道管理事務所では、住民や提携したタクシー会社からの通報協力を求めるようになった。

同じく歩道清掃、除草、剪定《せんてい》、凍結防止剤散布などの回数も一律に削減、ないしは実施しないことにした。この基準は全国一律で適用されるが、北は北海道から南は沖縄まで、草木の生え方や雨の降り方まで大いに異なるので、運用が難しいところがある。

またトンネルの照明を減らして電気代を節約するケースもある。予算は減らされても、安全管理には一切の手抜きは許されない。そこで各地の国道事務所では、タクシー会社や住民らに落下物などの通報協力を求めるなどの動きが広がった。

例えば、山形河川国道事務所では、巡回の半減を受け、「山形地区ハイヤー協議会」

と4月に協定を結び、タクシーなど約520台に管内の国道5路線（計387・2キロ）区間における道路陥没やガードレール破損などを通報してもらっている。また、国道48号沿いの山形県天童市山口地区の住民にも協力を得ている。

秋田県内の3国道事務所では、約30人の国土交通省職員OBを「点検ボランティア」とし、道路や橋などの安全チェックを依頼するなど、地域住民に身の回りのインフラ施設の維持管理にも協力してもらおうとする動きが出ている。

まちの美化のため市民と行政が協働で進めるアダプト・プログラム

長野県建設部道路管理課では、2003年度から「信州ふるさとの道ふれあい事業」として、題してアダプト・プログラム（制度、システムと称する場合もある）を本格的に実施している。アダプトとは「養子縁組をする」という意味であり、住民が道路などの公共スペースを、養子のように愛情を持って面倒を見る（清掃・美化）ことから命名された。

自治体と住民がお互いの役割分担について協定を結び、継続的に美化活動を進める制度である。この制度は、1985年、アメリカでハイウェイのボランティア清掃活動として始まったものであり、里親の地域住民団体、個人、企業または学校が、ボランティアで歩道、待避所、法面《のりめん》などの清掃、草刈りなどの美化活動や、植樹帯などの維持管理を行い、市町村・建設事務所は里親の活動を支援していく事業である。

長野県の例では、対象となる場所は、一般道路、その他（道の駅）であり、323の活動団体、合計登録2万5071人が清掃・ごみ拾い、花壇の世話、植栽・植樹、苗の育成の活動に参加している。

アダプト・プログラムの普及促進を図っている公益社団法人食品容器環境美化協会によると、アダプト・プログラムの特徴は、①市民と行政の協働で行われる、②継続的な活動、③域密着型の清掃活動、④都道府県／市町村ごとに導入、の四つである。

アダプト・プログラムは、長野県以外でも全国的な広がりを見せている。2016年3月末現在におけるアダプト・プログラムの導入状況は、実施自治体は374、プログラム数は約５００、４万団体以上が参加し、２５０万人以上が活動している、となっている。予想以上に全国に展開していることに驚かれる方も多いと思う。

東京都の場合を見ると、東京都が実施している「東京ふれあいロード・プログラム」に加え、11の区と14の市による計47の事業が行われている。

例えば、東京都三鷹市の「みちパートナー事業」では、道路美化活動として、駅前、中心部繁華街、中心部オフィス街、一般道路の清掃を行っている。八王子市の「道路アドプト制度」では、参加する団体のリーダー研修会なども実施しコミュニティ開発の支援も併せて行っている。

地方の技術者（ME、道守）を育てる

これまでは、住民参加型で事業を行うＬＢＴの類似事業が日本でも適用されている事例について詳しく紹介してきた。しかし、それらの事業は技術的な裏付けがあってこそ、初めて適用が可能となるものである。

それでは、これらインフラ整備の事業を進めるうえで不可欠な建設や維持管理の技術をどのようにして地域や住民に普及・定着させていけば良いのか。

本章の最後は、現在日本が直面する課題の一つでもある老朽化するインフラ施設に対処するための維持管理技術の普及と、「ME《エムイー》」と呼ばれる技術者の育成に努めている岐阜大学、および地域のインフラ施設を守るべく「道守《みちもり》」という制度の普及に取り組んでいる長崎大学の二つの事例について紹介していきたい。

岐阜大学工学部附属インフラマネジメント技術研究センターの取り組み

日本の社会資本ストックは高度経済成長期に集中的に整備されたが、今後は急速に老朽化することが懸念されている。特に今後20年間で、建設後50年以上経過する施設の割合は加速度的に高まる見込みであり、そのためには、一斉に老朽化するインフラを維持管理・更新するための迅速な対応が求められていて、猶予は全くない。

建設後50年以上経過する我が国の社会資本の割合を見ると、道路橋（橋長2メートル以上の40万橋）の2013年の割合は18％であるが、20年後の2033年には67％にも及ぶ。

2008年に設立された岐阜大学工学部附属インフラマネジメント技術研究センター（CIAM）では、既存のインフラ施設に対して適切な診断と処置を行うことができる技術者である社会基盤メンテナンスエキスパート（ME）を育成するために、社会基盤の整備や管理に関係する社会人（官公庁などの土木技術者および民間建設関連業技術者）を対象として、社会基盤メンテナンスエキスパート養成講座（以降、ME養成講座）を開講している。MEとは、新たな社会資本の整備、既存社会資本の維持管理・補修の計画・設計・実施技術を習得し、地域の活性化に貢献する人材である。

CIAMは、ME養成講座の実施をはじめ、次の三つの領域から構成されている。

●「ひと」づくり実践領域（ME養成講座の運営など教育・人材育成）

●「しくみ」づくり開発領域（岐阜県内の地方自治体およびMEの会と連携を取り、民・産・官・学の連携・協働によるインフラ管理が実現する仕組みの構築を進めるとともに、地域住民が参加しやすいインフラ管理を実現するための枠組み探索とMEの位置付け整理など地域連携・制度設計）

●「こと」づくり展開領域（地域協働を想定した住民も使えるハードウェア技術の研究・実装化など研究開発と技術普及）

ＭＥ養成講座は前期と後期の年２回開催されて、受講期間は20日となっている。科目は「橋梁《きょうりょう》の設計・トンネル」「橋梁の維持管理」「地盤と斜面」「土構造物と舗装・水道・河川構造物」「インフラマネジメント」の５科目である。

それぞれの科目は、「アセットマネジメント基礎」、「社会基盤設計実務」、「点検・施工・維持管理実習」により構成され、座学、演習、フィールド実習などが配置され、受講者の技術力を向上させるカリキュラムとなっている。

２０１６年度前期の第15期ＭＥ講座は７月１日に修了し、32名の受講生全員が無事受講を終えた。その後は、３週間後のＭＥ認定試

CIAMセンター長の沢田和秀教授

験に合格すると、MEとして認定される。

安全安心な社会生活のために、インフラの点検や診断ができる技術者の育成は最重要課題である。地域に根ざした中核的な技術者を育成するため、岐阜大学は、国土交通省や県と連携を図りつつ、長崎大学、愛媛大学、長岡技術科学大学、山口大学とコンソーシアムを設立してこれに対応するなど、まさに技術者育成機関の中核となって事業を進めている。

CIAMセンター長の沢田和秀教授は、「知識や技術は、一度修得したからといって安心していると、陳腐化する。手当てしないインフラが徐々にその機能を低下させていくことと似ている」と、ME養成講座をきっかけにフォローアップし続ける必要性についても語っている。

沢田教授によると、「受講生は技術経験が豊かな人も多く、職場や会社からの命により受講に来たという意識もあり、最初からすべての者が必ずしも高い動機を持って参加しているわけではない」としながらも、「最新の維持管理技術について体系的に学ぶ機会を得るとともに、事業の発注者や民間業者という官民の垣根を越えた技術者の交流を通じて、受講生の多くが、さらに習得すべき技術がたくさんあることに目覚め、技術者としての意識・能力が向上する」と語っている。

実際、業務発注者である役所の人は、政策・計画には通じているものの設計作業まではやらず、設計のコンサルタントは施工を担当しないことから現場を知らないということが指摘されている。このため、建設会社の人が図面をもらっても、発注者やコンサルタントの意図がよく分からないという事態が起こり得る。従って、技術者が日頃できない経験を積むことは技術者としての幅、のりしろを広げることになる。

ME養成講座スタッフの熊田素子研究補佐員も「この講座で得た人脈ネットワークがこれからの仕事を行ううえでかけがえのない財産になる」と強調する。普段では知り合う機会がなかったり、面識はあっても親しくなることはなかったような関係であっても、じっくりと人間関係を築ける環境がこの講座にはある。

役職や立場を超え、インフラのあり方や専門技術についてとことん語り合える人脈は、地域のインフラを支えるうえでも大きな財産となる。岐阜大学を中心として、地方部において厚みのある技術者ネットワーク網が構築されているのだ。

実際に、講座を終え、地元に戻ったMEたちは、組織の垣根を越えて地域の課題解決に協力して取り組む事例も増えているという。

インフラ施設を安全に保つためには、日頃からの点検が不可欠であるが、地域によって自然条件、社会条件は異なり、インフラ施設が持つ性質はさまざまである。また、今後劣化していくインフラ施設を健全に保つためには、専門家だけでなく、地域の人の協力が不可欠となる。そこで、ME認定者の知識や人的なネットワークである「MEの会」では、岐阜県内を五つの地域部会に分けて、地域に根ざした活動を行っている。

例えば、中津川市神坂《みさか》地区では、MEと地域住民が「協働点検」を行う地域協働型のインフラ管理が実施されている。まず、MEは、住民の要望に応じて、災害地形やインフラの点検方法などの専門知識を伝授する。住民は、地元の人こそが知っている土地の変化や伝承された防災の知恵などと重ね合わせて、地域でできることを実践する。

2016年にCIAMが主催した第6回インフラマネジメント講演会においてこの事例が報告され、地域の特徴に応じた防災やインフラ管理について、MEなど技術関係者による活発な意見交換が行われた。地域の活性化に地域の安全性を高めることは不可欠の条件である。

近年は大規模防災に対する意識も高まっており、地域と住民が一体となってインフラ施設の管理を進めていく意義は極めて大きい。

長崎大学大学院工学研究科「インフラ長寿命化センター」が示すインフラ整備の道しるべ

これまで述べてきたとおり、生活の基盤であるインフラ構造物の荒廃が全国レベルで着実に進行しており、観光立県を推進する長崎県も例外ではない。観光資源である教会群などの多くは、半島や離島に点在しており、それらを結ぶ多数の渡海橋や港湾などのインフラ構造物も老朽化が進行している。

そこで、長崎大学工学部では2007年に長崎県をはじめ県内市町や地元企業との連携による共同研究・事業の推進を目的として「インフラ長寿命化センター（ILEM）」を

ILEMの松田浩センター長

設立した。現在のメンバーは松田浩・センター長／教授、高橋和雄・特任研究員／名誉教授、小島健一・特任研究員をはじめとする工学研究科の兼務教員22名で構成されている。長崎県はインフラ構造物の予防保全的管理手法への転換を図るために、インフラ施設の維持管理の計画ならびに体制の充実に取り組んでおり、県民参加の地域づくりを推進するため、道路、河川、港湾などの清掃などを行うボランティア・愛護団体への支援事業も行っている。

そこで長崎大学は、地域の技術的な需要を踏まえ、「インフラ長寿命化センター」内に「道守《みちもり》養成ユニット」を設置し技術者の研修を行っている。研修自体は岐阜大学同様に文部科学省の「成長分野における中核的専門人材養成等の戦略推進事業」の一環として実施していることから、研修内容は同様なものであるが、長崎大学がユニークな点は、一般の市民もインフラの維持管理活動に組み込んだ「道守」という制度の存在だ。

「道守」とは、長崎県内の自治体職員、建設・コンサルタント業、NPO、地域住民を対象とするものであり、道路構造施設の維持管理に携わる「道守」を養成し、「まちおこし」の基盤となるインフラ構造物の再生・長寿命化に関わる人材を創出することを目的としている。

　技術士、診断士、土木施工管理技士などの各公的資格レベルに応じた基礎知識、応用能力を持つ高度な専門分野の人材と、一般市民（ボランティア、愛護団体など）を対象として構造物の日常的な観察・点検ができる人材を養成している。

　もちろんインフラの維持管理には調査、診断、特定高度技術が必要であるため、講義、実験、実地研修などを組み合わせた総合的なコースを設置している。そして、一般市民に対しては別途公開講座

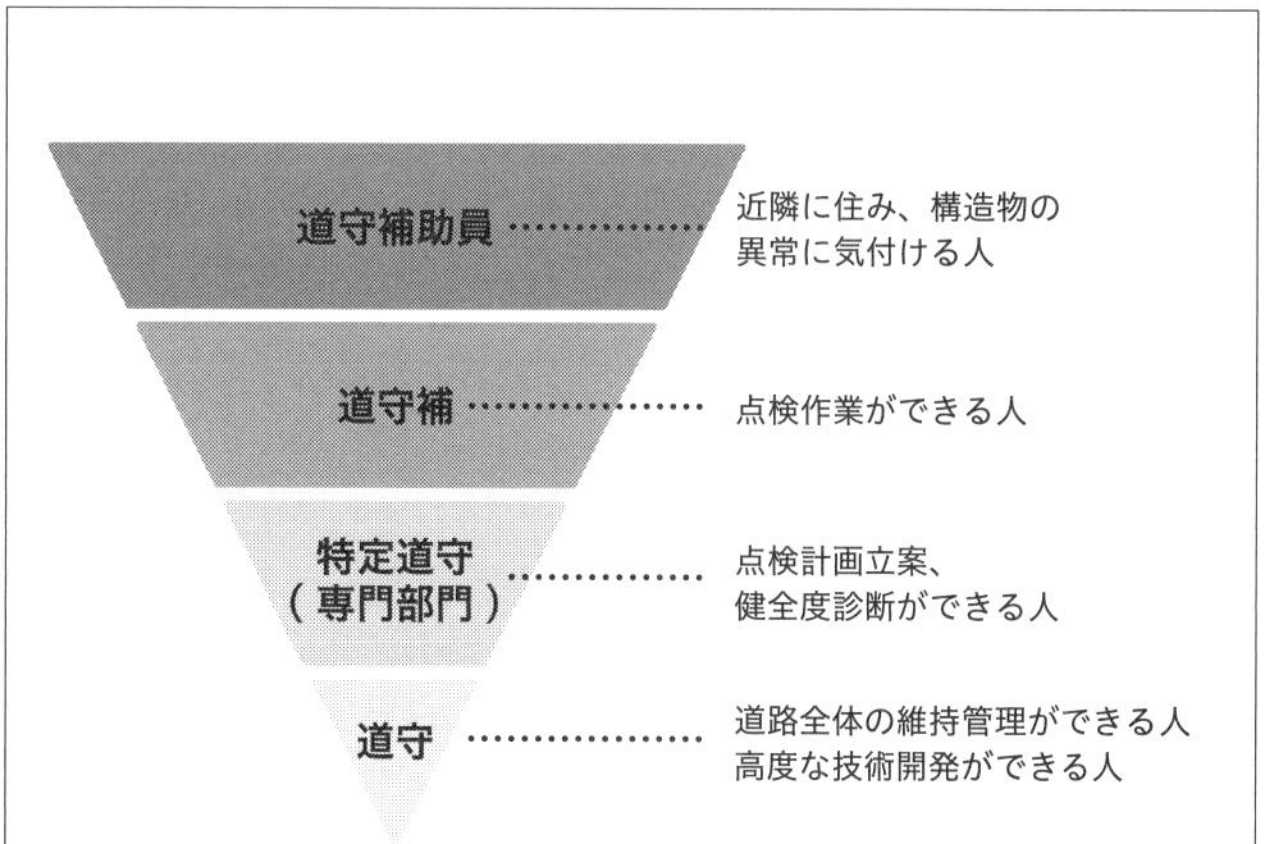

図6　道守の構成

コースを設定している。研修終了後も継続的に人材養成事業を実施展開することにより、観光振興および新産業創出の両面から雇用創出と地域再生・活性化を支援するものである。

「道守」養成のための教育プログラムは、文部科学省の支援を受けて「観光ナガサキを支える『道守』養成ユニット」として立ち上がったものであり、「道守補助員」、「道守補」、「特定道守」、「道守」の4コースがある（**図6**）。

文字どおり「道守」は道路維持管理業務の推進役であるが、それを補佐する形で地域にすそ野の広い維持管理体制を構築することを目指している。

例えば地域住民の「道守補助員」が道路構造物に破損や陥没などの異常を発見した場合は、ＩＬＥＭを通じてスマートフォンなどを利用して速やかに大学に通報し、大学は状況を判断し、国・県・市町村の道路管理者へ通報を行い、修繕を行うなど対処する体制が確立している。

「道守」の認定者は、２０１６年現在で12名、養成コースを受講した人は道守補助員の２９７名を含め合計５６９名となっている。当初はボランティア活動の扱いであったが、2015年より大学・地方団体でいち早く国土交通省の民間資格と認定されたことにより、個人のみならず建設関連の会社にも工事の入札評価などの面で資格取得の大きなメリットが生じており、修了生の活躍の場も増加している。

「道守補助員」である鎌田満さんに話を伺った。佐世保市在住の鎌田さんは、会社を定年後「今度は何か社会のためになることをしたい」と思っていたところ、ちょうどNHKの朝番組『あさイチ』でたまたま「道守」が紹介されているのを見て参加を決意したそうだ。

地域のことを一番よく分かっているのは地域に住んでいる住民である。例えば、カーブミラーや側溝の蓋《ふた》が割れていたり、道路の不陸（平らでなく凸凹がある状態）などを見つけたら修繕すべくインフラ長寿命化センターへ通報する。鎌田さんはこれまでに34件の通報実績があり、そのうちの6～7割はすでに道路管理者により修繕されたとのことである。

道守補助員を担当する以前は土木やインフラの知識はなかったそうだが、養成ユニットの講習により、道路構造物の特徴と気を付けるべき変状などの知識を身に付け、地元道路の見守り活動を続けている。

鎌田さんは、道守活動を通じて「単に身の回りのインフラの状態を見て回るだけでなく、災害時などに役立つよう、住民の視点から避難場所の確認など防災面でも役立てたい」と今後の抱負を語っている。

地元の建設会社に勤務する山本尚次さんは、養成ユニットの開始時から「道守」に参加しており、「道守補」から始めて、現在は「特定道守補」として認定されている。2016年2月に長崎大学で開催された「〃道守〃ユニット成果報告会」において、山本さんは道守活動優秀者として表彰を受けている。

会社では新しい道路や橋梁の建設に関わってきたが、少しずつ業務量が減少していくことから、将来のことも考え、維持管理技術についても学びたいと思ったことが動機だったと語った。

「道守」が国交省の認定資格になったこともあり、国や県が発注する総合評価落札方式（工事）の加点対象と評価されることになり、業者入札時のプロポーザル（業者選定の方法）でも有利になったそうだ。

さらには、同じ新設の業務でも、これまでと違って維持管理の視点を交えた提案ができるようになり、発注者からも評価されることで、実際に工事の受注につながった事例も増えたそうである。

また、岐阜大学のＭＥ資格同様に、発注者やコンサルタントなどとも職種の垣根を越えて技術を語り合える仲間ができた。松田センター長は、「技術者の技術の幅を広げることが、地域における技術力が向上した証《あかし》である。また、道守のネットワークは、インフラの長寿命化を進めるうえで欠かすことができない存在だ」と語っている。

ILEMで実施されている「道守養成」の様子

地域に根ざした技術者を筆頭に住民が自らのインフラを守っていく。「道守」の果たすべき役割はそこにあり、重要性はますます高まっている。

今後の展望としては、①デジタル画像による計測やマルチコプターなどのロボット技術などを併用した最先端の点検・診断技術の活用、②現在は文部科学省などの支援を受けて実施している道守養成講座のさらなる継続化、③九州地区への展開、と松田センター長は述べている。

このように、地域に必要となる技術者を育てる岐阜大学と長崎大学の取り組みは、極めて有意義な取り組みであるが、現在のところは県レベルの活動に限定されている。将来に向けて、インフラ施設をより長く、適切に維持管理業務していくためには、MEや道守の活動と制度を全国レベルで展開していく必要がある。

第5章

「LBTによる地方創生」

実は身近に根付いていたLBT

第５章では、最後のまとめとして江戸時代から今日に至るまで、実は国内においてＬＢＴが活用されてきていた歴史と実績について、紹介したい。

そして、本書の事例検証を踏まえ、地方を対象とするまちづくりのための有効手段として、途上国や下條村で活用されているＬＢＴ事業の他地域への適用方策について提言を行いたい。

江戸時代のコミュニティ開発（道や用水路）「普請」

当然ながら、近代になって建設機械が発明、輸入されるまでは、日本のインフラ整備の工事はすべてＬＢＴで整備されてきた。古くは奈良の大仏や京都の寺院、大坂城の築城や、江戸の社会基盤や町並み整備もすべて人力のみで施工されている。

では、近世の江戸時代の公共事業は誰がどのように実施していたのだろうか。

１６０３（慶長８）年に征夷大将軍となった徳川家康も、江戸に入城してからはさまざまなインフラ整備を実施している。特に大きなプロジェクトは、江戸への大量輸送が可能な「舟運」での物資輸送を行うための「江戸湊《えどみなと》」、日比谷入江の埋め立て、利根川東遷・荒川西遷、五街道整備による江戸を中心とした交通網の形成などである。これらの大型プロジェクトは、まさに今日の日本、東京の原型を形作っているものである。

長崎からのオランダ商館長随行医師の１７７６（安永５）年の見聞録によると、当時の主要街道は非常によく整備されていたという記録も残されている。

江戸時代は、幕府と各藩との強い主従関係が築かれており、江戸城築造、港造成、河川改修、掘割の掘削、街道整備などの大型土木工事は、「天下普請《てんかぶしん》」と称して江戸幕府が全国の諸大名に割り当て行わせた。財源は、各藩の自己負担である。各藩は、領地内のインフラ整備もあり、これにより相当な経済負担を強いられることになった。

なお、当時の街道は、宿駅制度を採用していた。宿駅は道路の適当な間隔ごとに中継基地として設置され、近世までは公的な使者や旅行者のために駅馬・伝馬の提供や宿泊の便宜を与えるものであったが、江戸時代には、私的な旅宿に対するサービスも提供する機関となっていた。

参勤交代においては、人馬の賃銭や旅籠《はたご》代により、宿が潤うこともあったようだが、宿に課せられた義務である伝馬の提供、「助郷《すけごう》」と呼ばれる課役による村から人馬を出す制度の負担には、宿や村も苦労したようだ。「掃除」と呼ばれる街道の維持・補修もまた、沿道および近在の村々の負担となっていた。

このように、当時は、公共事業の概念が定着しておらず、街道以外の身近なインフラ整備も「お上」(国、藩)など行政による支援は限られており、基本的に村人が相互扶助で行う体制、風土ができていた。また、第4章でも紹介したように、地方では今も普請の習慣が継承されている地域が多い。

箱根の開発は民間主導で進められた

明治以降、日本は急速な近代化を成し遂げたが、国家財政は極めて脆弱《ぜいじゃく》であり、潤沢ではなかった。それは多くの国民の献身的な努力を得ることによって初めて成し遂げることができた成功事例だったといえる。

明治の初期は、特に財閥など多くの民間主導による公共・インフラ部門への投資が積極的に行われた時代である。その公共に寄与・貢献する精神は、今日まで我々日本人にも確実に引き継がれており、それは日常生活においても垣間見ることができる。

当時、初めて日本に導入された土木技術は、蒸気機関車による鉄道や、同じく蒸気を使った船舶などの交通をはじめ、ダムや堤防などの貯水・防災施設、区画された街路や上下水道、電気、排水路などの都市施設である。

近代化を進めるにあたり、建設用の機械も日本に導入されるようになったが、技術自体がまだ開発途上にあり、貴重で高額であったにもかかわらず、操作が面倒で使いづらい機械も多かったようだ。このため、建設機械が試行錯誤的に導入されていたこの時代は、まだ労働力を多用する工事のほうが、経費が安いばかりでなく、効率的な側面もあった。このようにまだ明治の頃は機械施工への移行期にあたり、新しい土木技術を援用しながらLBTに類似する事業が数多く実施されている。

ここでは、その中から民間主導で行われたLBTと類似する労働力主体のインフラ整備事業の代表として、箱根における道路開発の事例を取り上げたい。

箱根は、明治になると新政府の高官や知識人、実業家に加え、横浜開港によって来日するようになった外国人への湯治や保養地として多くの人が訪れるようになった。

江戸時代より箱根は、東海道が通る重要な交通の拠点であったが、険しい山中を通過するため、交通手段としては徒歩、馬、駕籠《かご》しかなかった当時は街道中最大の難関となっていた。このため、車輛を用いた乗合馬車や人力車など新しい交通機関にも対応できるよう、道路幅の拡幅（5・4メートル＝三間）、勾配《こうばい》を緩くするために新道の建設が急務となっていた。なお、この頃は自動車はまだなく、自動車時代が到来するのは大正時代に入ってからである。

1873(明治6)年、箱根に逗留《とうりゅう》した福沢諭吉(1834―1901)は地元の「足柄新聞」に「箱根普請の相談」という記事を投稿し、地域の発展には道路開発が必要不可欠であると温泉郷の人々に向けて提言した。この提言が大きな契機となり、温泉郷の人々による箱根の車道開発が進められることになる。

工事は1875(明治8)年から始まり、計4期にわたり工事が行われた。「天下の険」とうたわれた箱根路の開削は急峻断崖《きゅうしゅんだんがい》を通過したり、固い岩盤にぶつかったりした難工事であったが、ついに1904(明治37)年に芦ノ湖湖畔まで完成し、現在の国道1号線の原型となっている。

特筆されるのは、工事の費用はほとんど村費(地方債)や個人出費といった民費によって賄われたことである。そのため、道銭と呼ばれる通行料を徴収して工事費の償還に充当する一部区間(小田原板橋村より湯本村山崎までの4・1キロなど)も設けた。これは日本初の有料道路の事例ともなっている。

工事を中心となって推進したのは、二宮尊徳(1787―1856)の高弟であり、箱根湯本の「福住旅館（現在の萬翠樓福住）の福住正兄《ふくずみまさえ》、宮ノ下の「富士屋ホテル」の創業者である山口仙之助、芦の湯の老舗「松坂屋旅館」の松坂萬右衛門《まつざかばんえもん》、同じく「紀伊國屋旅館（現在のきのくにや旅館）」の川辺儀三郎《かわべぎさぶろう》などである。当時の箱根において温泉の旅館業を営みながらも膨大な私財を投じて工事を推進した。道銭を徴収して、ある程度資金の回収に努めたとはいえ、資金繰りには非常に苦労したという逸話が数多く残っている。

なお明治政府は、国内交通網の整備は鉄道を中心として進めていた。道路に関する最初の施策は、道路や橋梁《きょうりょう》の有料制度の承認であった。新政府の財政が安定せず、必要な公共工事を適切に行うことが難しかったことが一因であったようだ。

神奈川県元知事であり参議院議員の松沢成文《しげふみ》氏は、古くから湯治場として栄えてきた箱根に尊徳や諭吉の思想を持ち込み、地域の発展と観光地の国際化に多大な貢献をした民間人である彼らを破天荒な「奇妙人」と名付けている。

松沢氏によると「奇妙人」とは、「自分の利益のためだけではなく、誰かに強制されたわけではなく、とにかくコツコツと工夫するのが好きな人」であり、「工夫して得た成果を、無償あるいは無償に近いかたちで公開し、誰かがそれを活用する姿を眺めるのを無上の楽しみとする人」だという。

このように、箱根の開発には、新しい時代を自ら切り開こうとする民間人の強い気概が感じられる。なお、道路開削した後、箱根、湯河原、小田原、熱海などの地区では鉄道建設やバス交通の運行においても民間主導による整備が行われた。こちらは規模も大きく、鉄道・運輸業者による参入によって実施されてくることから、ＬＢＴの類似事業には含めなかった。

掘るまいか　地域の誇り「命のトンネル」

近代の日本にも、これぞまさしくＬＢＴと称すべき事跡がいくつもある。

特にスケールが大きいのは、新潟県長岡市山古志地域小松倉集落から魚沼市方面の旧広神村や旧小出町を結ぶ重要な生活道路として50年間集落を支えてきた「命のトンネル」とも呼ばれる日本最長の手掘りトンネルの「中山隧道《ずいどう》」である。全長約８７７

メートル、幅約2メートル、高さ約2・5メートルの規模を人力のみで岩盤を掘削し開通させた（**図7**）。

旧山古志村（現在は長岡市山古志地区）は山腹を棚田、棚池として切り開き、米の産地として、「牛の角突き」と呼ばれる古くから伝わる闘牛や錦鯉《にしきごい》の発祥地としても知られる自然豊かで風光明媚《めいび》な土地柄である。

しかし、豪雪地帯であり、特に冬になると雪で孤立する村の東端最深部に位置する東竹沢の小松倉集落は、周囲を山塊に囲まれていることから当時の村民はどこへ行くのも険しい峠越えを強いられていた。

「手掘り中山隧道保存会」の隧道インストラクターである小林正さんに中山隧道の案内とお話を伺った。地元で農業と商店を営んでいた小林さんは、中山隧道が完成した当時はまだ小学生だったそうだ。祖父が当時村長の松崎伊治郎氏であり、開通当時の様子をよく覚えているという。

当時の小松倉集落は、日用品の買い出しなどで約12キロ離れた小出町に行くためには、4キロに及ぶ中山峠を越える必要があり、厳しい冬の時期は4メートルを超えるような積雪のために峠越えもままならず、急病や遭難などによる犠牲者も出ていた。

それらの逆境・困難に立ち向かい、地域住民の命と生活そのものを守るため、住民たちが隧道掘削を思い立った。カンテラのかすかな灯りを頼りに住民自らがツルハシを振るったが、岩盤も固いことから工事は難航し1日平均30センチ程度しか掘削が進まない時さえあったという。さらに、太平洋戦争により、一時は工事休止に追い込まれる。このようなさまざ

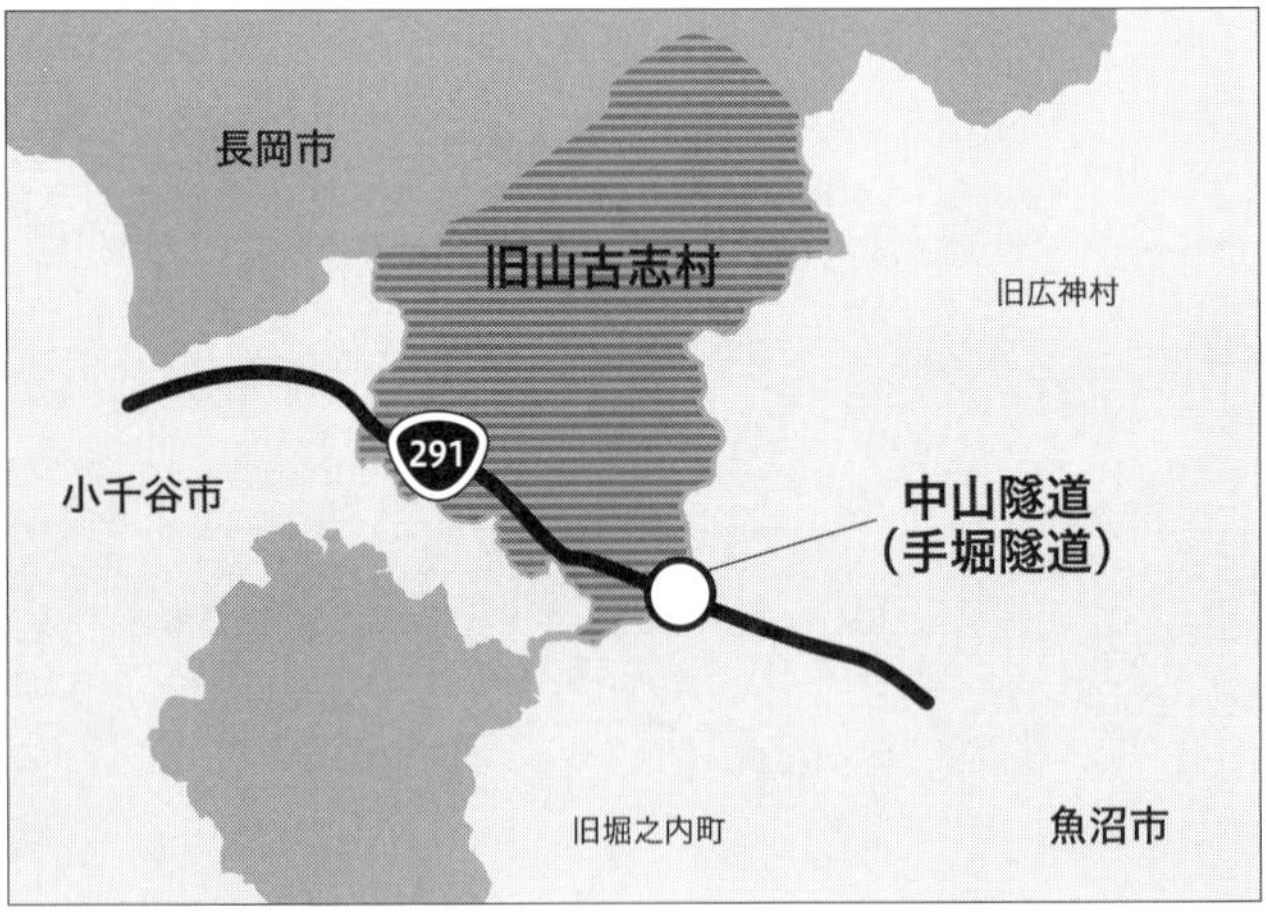

図7　中山隧道周辺地図

まな試練を乗り越え、村人一丸となった情熱により、16年後の1949年、ついに中山隧道が開通した。完成当時は現在の距離より長い922メートルに及んだということである。

山古志の誇りともいえる中山隧道は、地域住民自らが隧道の掘削を決意し、掘り抜いた過程が公共事業の原点にもあたるということから近代土木遺産としての価値も認められる。2006年には土木学会選奨土木遺産に選ばれており、将来にわたって語り継ぐべき地域の貴重な資産となっている。

山古志には、もう一つの大きなドラマがある。それは2004年10月23日17時56分に発生した中越地震からの復興である。激甚の被害から、復興に向けた経緯や現在も進められている数々の取り組みについては、「長岡地域復興支援センター山古志サテライト」の臼井菜乃美・地域復興支援員から詳しく話を伺うことができた。

大きな揺れに加えて地滑りが多発し集落は孤立した。長島忠美村長（元復興副大臣・衆議院議員）の決断で村民約2000人全員が村外に避難した。

「帰ろう山古志へ」の合言葉の下、長岡市の仮設住宅の生活に耐え、被災から3度目の冬が終わった２００７年４月１日、ついに全村避難勧告が解除され、震災から３年２カ月後、長島村長は住民とともに全村帰村を成し遂げた（仮設住宅閉鎖は２００７年12月31日）。

「やまこし復興交流館おらたる」という震災の経験と山の暮らしを伝える地域の拠点が整備されており、震災当時や避難所での記録などが克明に残されている。「おらたる」とは、「自分の地域」を意味する山古志の方言であり、施設としては「私たちの場所」を意味している。

中山隧道は手掘りのトンネルとしては日本一の長さであるが、二番目に長い羽黒《はぐろ》隧道、三番目の小千谷市塩谷の雨乞山《あまごいやま》隧道も山古志

現在の中山隧道

郷に現存する。不屈の闘志で隧道を掘り抜いた経験を持つ村の人々は、どの地域の人たちよりも地域のためにインフラを整備する重要性と意義を理解していることであろう。この経験を活かし、厳しい状況を乗り越えて震災復興を果たしていった。その活動を支えたのは、公共に奉仕する崇高な精神であり、まさに中山をはじめとする地域の隧道の工事で培われ、山古志に継承されてきたものにほかならない。

さて、現在の我々に示唆する本事例の教訓は何であろうか。

この事例が通常の公共工事とは異なり特別であることは、工事の実施主体と受益者が同じことである。このため、インフラ整備の必要性は極めて明快であり、住民参加を通じて地域住民の結束力、地域への愛着はより一層高まったものと思われる。インフラ整備の原点がそこには見いだされる。

住民は、工事予算を獲得するため、当初、国や県に工事を行うように陳情・依頼を行ったが、断られたことから自分たちで隧道掘削を行わざるを得なくなった（戦後になって県から一部補助金が出るようになる）。これにより、地域の組織化と村民間の合意形成が図られることになった。必要経費の捻出や事業の予算化も進められていく。また、村に暮らす人々の家ごとの事情や、政治・経済的な思惑も影響し、時には集落を二分するような対立を生み出したこともあったようである。それらの苦難を乗り越えて隧道は完成されたが、この事業完成に向けた流れや工事の持つ意義はまさしくＬＢＴと同一のものがある。

隧道は供与されて32年後の１９８１年に国道として認定される。重要なのはその間も、住民が主体的に関与する形でこの隧道の維持管理を継続してきたことである。その内容は、拡張、路盤下げ、坑内舗装、コンクリート巻き立てによる補修である。これらの維持管理作業は住民が掘削に参加していたからこそ可能となったのである。

半世紀にわたり住民の生活道路としての機能を果たしてきた隧道は、１９９８年に隣に新しいトンネルが完成してその役割を終える。その際、隧道を封鎖する案も出たが、住民からの強い要望もあり、後世へ残されることになった。中山隧道は、これからも訪れる人々に対して、山古志地域の歴史と住民の絆を静かに語りかけていくことであろう。

戦後の混乱時に行われた失業対策事業

ＬＢＴはインフラ整備を図るという直接効果に加えて、地域住民の雇用を増やす副次的な効果がある。この機能はまさに公共事業が果たす効用の一つでもあるからだ。日本でも戦後の混乱時においては、国、地方自治体が失業者の救済を目的として積極的に導入されていた。

これは失業対策事業（失対事業）と呼ばれる政策であり、戦後直後の１９４６年、当時４００〜６００万人に及ぶといわれた失業者の救済事業として、道路整備など土木事業を「応急失業対策事業」として国や地方公共団体が実施したものである。

１９５６年の日本労働年鑑によると事業内容は、「体力その他能力の高い失業者を就労させ、能率給を支給すること（小間割制）、資材を多量に使用すること、資材費の国庫補助率の高いこと等の特色がある」となっている。同年の就労者は延べ45万人（一日平均６０００人）で、工事は道路新設改良、下水道敷設、河川整備などとなっている。これはまさしくＬＢＴが対象とする分野そのものである。

なお、「小間割制」とは、「運搬、掘さく、土砂採取等の比較的単純な作業を選定し、各人の標準作業量を決定する。就労者は体力、作業能力、就労状況を基礎にして監督が格付け（選別）を行い、班の編成をする。賃金は班の標準作業量を完了した時標準賃金を各人に支払い、作業が標準を超過した時は歩増しを、下廻った時は歩引きを行う」となっている。この方法は、LBTでタスクワークと呼ばれる賃金支払い方式であり、一定の作業量に対する対価をあらかじめ決めておき（一定の作業を行う場合の単位数量、または作業の手間の日数を数値化したものを「歩掛《ぶがか》り」ともいう）、出来高と呼ばれる作業量に応じて正当な賃金が受け取れるシステムである。

このように緊急措置として戦後から失業者救済のために実施された同事業であるが、1995年に「緊急失業対策法を廃止する法律」が成立し、時代の変遷とともにその役割はすでに終えている。

失対事業は、国際協力の分野において紛争影響国に対しLBTを用いて復興事業を実施する過程とも重なり、その知見が活かされているようで興味深い。

キャッシュフォーワーク（ＣＦＷ）東日本大震災時における被災者住民の支援

最近のＬＢＴ類似事例を紹介する。東日本大震災の際に行われたキャッシュフォーワーク（ＣＦＷ）である。

ＣＦＷとは、災害などの被災者を復興事業に雇って賃金を支払い、自ら被災地の経済復興に携わる過程を通じて被災者の自立支援へつなげる手法であり、一言でいえば、「労働対価による支援」である。被災者が自ら復興に関わることで、尊厳と将来への希望を取り戻し、地域の絆を強めていくことを目指している。

この手法は、２００４年のスマトラ沖大地震、２００８年のミャンマー大型台風（ナルギス）の復興支援策として、国際ＮＧＯなどが実践したものである。ＣＦＷは国際援助や災害復興の現場において、あくまでも食糧などの現物支給ではなく、労働を通じたサービスの対価として現金を支給する仕組みとして成立してきた。

東日本大震災の直後、ＣＦＷの仕組みを使い、被災者自らの手による自立復興を支援するネットワークを作ることを活動目的として、関西大学社会安全学部准教授の永松伸吾さんを代表とする一般社団法人キャッシュ・フォー・ワーク・ジャパン（以下ＣＦＷ‐Ｊ）が立ち上がった。

事例としては、約40の団体で作られた「東北広域震災ＮＧＯセンター」がＣＦＷ事業で20～40代の被災者を雇用し、被災直後の４月下旬から宮城県気仙沼市や石巻市などで民家の泥出しやがれき処理を無料で請け負った。ＣＦＷでは時給７５０円、登録した被災者は最大で８時間程度の作業を行った。事業の財源は、労災保険の支払いを含めたセンターの寄付金である。

被災直後、現地で最も必要とされていたのは、津波で泥まみれになった家屋の清掃であった。「東北広域震災ＮＧＯセンター」の登録団体であるＮＰＯ法人国際ボランティアセンター山形（ＩＶＹ）では、集まった寄付金を使って石巻市、気仙沼市のハローワークを通じて働き手を募り、労働時間に応じて参加者に賃金を払った。土木作業など経験したことのない人がほとんどだったが、地元の建設会社のスタッフの指導を受けながら、驚くべきスピードで技術を習得したそうである。

作業に参加した人によると、「被災で打ちひしがれている家族へ自分の働く姿を見せたかったこと、地元のために汗を流すことが、地震と家族、そして地域の立ち直りにつながると考えたことが、参加動機だ」と語っていた。参加者からは、「何もかも失ったけれど、この仕事を始めることで区切りを付けられ、次のステップに進もうという前向きな気持ちになれた」という意見も聞かれた。

なお、CFW-JによるCFWのメリットは次のとおりである。

●被災者に誇りを与える。自らが働いてお金を得ることが、人間としての尊厳の回復につながる。

●労働の機会を確保することが、被災者の生き甲斐や希望を与える。労働は、単にお金を得るためだけのものではない。多くの人々にとって、それは生きがいそのものであり、社会との重要な接点でもある。特に復旧・復興のためのさまざまな事業に被災者自身が関わることは、被災者に将来への希望をもたらす。

●働くことは、新たな価値を生み出す。労働というサービスを提供することによって、新しい価値を生み出すというものである。ＣＦＷは、単純なお金の移動では得られにくい「新たな価値」を、個人だけでなく地域社会全体に対して生み出すことにつながる。

地域のことを最もよく知る住民が復興支援に自らが参加すること。この事例はまさにＬＢＴが掲げる理念そのものであり、アフガニスタンやシエラレオネなど紛争影響国を舞台に、日本が地道に現地の人たちとともに取り組んできたアプローチにほかならない。このような危機に直面した時にこそ、コミュニティの力を引き出すためにＬＢＴはその効力を発揮するのだ。

我々の身の回りで展開されているＬＢＴの類似事例

これまで紹介してきたのは、近世から江戸時代にかけて日本に定着していった水田などの利水施設や道など、住民の奉仕作業（普請）による共有インフラ施設の整備事業であり、明治維新以降に活発化した民間主導のインフラ整備、そして戦後の混乱期に失業者支援のために行われた失業対策事業および東日本大震災の際に導入されたCFWである。

自分たちのインフラは自分たちで作るという普請の精神、戦後や震災後の混乱期における非常事態時に直面した時に発揮される助け合いの精神、これらは、いずれも歴史を通じて我々のDNAとして培われてきた公共に対する奉仕のこころであり、理念ともいえよう。

それでは、平時である我々の日常生活において、LBTとも相通じるこれらの理念は、どのように活かされているのであろうか。

地域の活性化を図るため、住民自らが公共のインフラ施設を建設したり維持管理したりすること、その事業活動をLBTだと考えるならば、我々の身の回りでLBTの要素を色濃く反映しているインフラ整備の代表的な事例は**表6**のとおり列挙できる。

この表を見れば分かるように、LBTで対象となるインフラ事業や整備活動は、実は我々にとって極めて身近な存在なのである。

表6　我々の身の回りで展開されているLBTの類似事例

NO	事業名	事業内容
1	町内会、 自治会	身近な地元組織団体であり、ほとんどの地域に存在する。活動は、地域住民の参加により、盆踊りや祭りの準備から始まり、公園の草むしりや排水路の清掃などが行われている。関連する組織として防災活動を担う消防団、地域活動の原動力でもある青年団などもある。
2	PTA	小学校など学校に通学する児童・生徒の父兄のみで組織する団体ではあるが、学校や生徒に対する支援活動に留まらず、近隣地域の清掃や地域活性化の支援活動を行うこともある。
3	民間非営利団体（NPO）、 非政府組織団体（NGO）	国際協力、医療、教育など専門的な分野において、住民に近い立場で公共的な活動を支援する団体である。国内においても災害支援や地域活性化の活動に積極的に関与している。
4	まちづくり・ 村おこし事業	各地で行われている地域活性化事業であり、地域住民をはじめ行政や企業による参加、あるいは第三セクターと呼ばれる組織や協議会を新たに設置し、実施・運営される。一般に組織体制は柔軟であり、行政を補完する立場での活動が期待されている。
5	建設資材事業	市町村などの自治体が、地域の住民にセメントや砂利などの建設資材を供与して、住民が工事を施工する施工方式。対象とする分野や施工方法は非常に多様で、実施されている地域・自治体により名称も異なるが、長野県下條村など国内の多くの地域で実施されている。P146 参照
6	アダプト・ プログラム	アダプト（ADOPT）とは英語で「養子にする」を意味する。市内一定区画の公共の場所を養子に見立て、清掃美化などの活動を通じ、市民が町を我が子のように愛情を持って面倒を見るかたわら、行政はこれを支援する。市民と行政が互いの役割分担を定め、両者のパートナーシップの下で美化を進める方式。P178 参照

なお、本表には含まれていないが、近年民間が公共部門に代わってインフラ建設を進める事業としてＰＦＩとＰＰＰがある。

ＰＦＩは、民間資金を活用したインフラ整備のことである。

ＰＰＰは、官民パートナーシップによるインフラ建設を指す。

いずれの事業も、民間を主体とするインフラ整備の手法であり、事業主体から見るとＬＢＴとも類似する面がある。しかし、何しろスケールが大規模であり、住民主体の事業と称するには多少無理があることから、ＬＢＴの範疇《はんちゅう》としては含めなかった。

しかし、民間が公共部門の代わりにインフラ整備を進めるＰＦＩとＰＰＰは、ＬＢＴが目指す基本的理念と相通じるものがあることは明記しておく。

このようにＬＢＴは、実は我々の身の回りで数多くの事業が実施されている。さらに、下條村の事例を詳しく検証してみると、ＬＢＴは、人口減少期の今日においては、まちづくりとインフラの維持管理業務に対して極めて有効な手段となり得ることが分かってくる。次に、その内容を整理してみよう。

ＬＢＴは日本のまちづくりに貢献する

住民の理解と参画を得て、インフラ整備を進める下條村の事例が示唆する教訓の一つは、ＬＢＴは日本のまちづくりに貢献するということである。

まちづくりはすべてがオーダーメードである。例えば小さな施設づくり一つ取っても、企画の調整から始まり、計画案の設計や関係者との調整、施工、そして施設完了後運営から維持管理に至るまでの一連の作業は、すべて行政や住民による手作業となる。そこに手抜きは許されないし、専門の業者やコンサルタントを使うにせよ、常に主体的な態度で判断することが求められている。まさに、ＬＢＴの基本的理念や作業工程は、住民参加型のまちづくりの活動そのものといえる。

ＬＢＴは何もスコップやツルハシを使って、道直しをする活動だけに限定するものではない。地域の住民が自分たちの身の回りのインフラを、常に自分たちのものとして考え、明確な役割分担の下、自分たちにも可能な行動として実行に移していく行為、その理念そのものがＬＢＴなのだ。

このＬＢＴの理念は、都市に生活する人を含め、これからの日本のまちづくりにおいて重要な要素となる。

地震、災害、あるいは紛争といった非常事態のみならず、少子高齢化による人材不足や財政難を解決していく手段として、ＬＢＴは決して時代遅れの工法ではない。

アフリカの地方部においてＬＢＴが適用されている理由は、大きな建設会社が参画するには会社としては採算性やうまみが少ないような地方のインフラ整備事業に対して、労働力や財源などその地域の資産を活かすことにより、実現化を図ろうとしているためである。

つまり、ＬＢＴは、工事現場における人手や資金不足を解消するための工夫された取り組みであり、日本が直面しているような地方の活力低下により行政が十分なサービスが果たせなくなっている今日の現状においてこそ、効力が発揮される工法なのである。

また、ＬＢＴは参加者が自ら工夫することにより実施する事業であることから、人材育成の側面も有している。公共意識が高く、率先してＬＢＴを実践できる市民を育てること。ＬＢＴを経験して育てられた人材は、これからのまちづくりに重要な原動力として期待できる。

ＬＢＴが老朽したインフラの維持管理に資する

下條村の事例から得られるもう一つの教訓。それは、ＬＢＴは日本の老朽したインフラの維持管理に資するということである。

財政難や建設関連の人材不足の影響もあり、日本のインフラの維持管理は、今後さらに深刻な事態を迎えていくことが予想される。

ＬＢＴはこのような財政的に厳しい局面において、より有効性が高い工法である。下條村の事例では、道路改良舗装工事の場合、費用はわずか10分の１という結果も出ている。また、行政による住民の活用に加えて、施設の管理運営主体を民間に移行する「指定管理者」などの事例も増えていくであろう。

地域の住民にとっても、今後は、市民意識の向上に加え、自ら一定のまちづくり能力を向上させていく必要性がある。

第5章で紹介したように、岐阜大学などの研究・教育機関では、地域のインフラ維持管理に資する技術支援を通じた「ひとづくり」、事業制度整備による「しくみづくり」、そして事業を通じて社会を動かす「ことづくり」の面において貢献を果たそうとしている。

しかし、これら維持管理技術の普及や制度開発の活動は、インフラの専門家のみならず、当然地域住民の理解と積極的な参画があってこそ成立するものである。これらの技術や活動の裾野を支える地域の住民に期待される役割は極めて大きい。

ＬＢＴの再定義をする

これまで本書では、国内において取り組まれているＬＢＴに類似したさまざまな事例を紹介してきた。その中には、下條村の資材支給事業のようにアフリカで適用されているＬＢＴと極めて類似しているものもあれば、アダプト制度のように、従来のＬ

BTの範疇には含まれないソフトな事例もあった。

そこで、これらさまざまな事例を踏まえ、今日の時代に適合するように、LBTの対象や事業領域について再定義してみたい。

まず第3章で述べたように、これまでのLBTは、「地域住民の参加により、実施する人力を主体とした小規模のインフラ整備工事」と単純で分かりやすいインフラ整備の原型ともいえる工法であった。

これに対して、新しい時代に向けたLBTとは、「民間（住民）の活力を最大限に発揮させるため、多様化する価値観や事業手法を反映し、より進化し、かつ柔軟なアプローチによるインフラ整備の手法」だと定義できる。

つまり、住民や民間がインフラ整備の担い手であることは変わらないが、単に工事に参加するだけに留まらず、計画策定、技術開発、財源確保の場面で主体的に関与する、これまでにない新しい取り組みによる課題解決手法である。このように再定義されるLBTは、民間活力を図るうえでも、極めて高度な手法なのである。

実は、現在アフリカで導入が試みられているLBTも、広範な地域で普及する段階にはいまだ至っていない。その理由はさまざまあるが、アフリカにおいて高度な民間活力を図るための環境がまだ十分に整備されていない実態と必ずしも無縁だとはいえないだろう。ＬＢＴが必要とする要件とは、高度で質が高い組織管理が基盤となる。

ＬＢＴを活用した地方創生を目指して

今日のように多様化する時代において、まちづくりやインフラ整備により地方創生化を図っていくには、民間の創意工夫を最大限に活かすため、柔軟で地域の連帯感を醸成していく手法を用いる必要がある。

時代や地域環境に合わせられる柔軟性、事業費用が廉価だという財源の削減効果、そして地方創生に不可欠な地域における連帯感の強化や新しいプレーヤーの参加を促す人材育成の面からも、ＬＢＴは有効な切り札となり得る可能性を秘めている。

それでは、最後にＬＢＴを地方生成に活用するための具体的な方策について、政策提言を行いたい。

地方創生のカギはインフラ整備の原点回帰にある

地方創生で一番大切なこと、それはその土地を育んできた歴史や風土を通じて、地域が持つ価値を掘り起こし、現代に甦《よみがえ》らせることである。地方が勝負できるお宝は、必ずその土地に眠っている。

地方はミニ東京になる必要はない。地方が都会と勝負できるものは、自然、伝統・文化、特色ある共同体とさまざまあろう。地方の良さ、魅力は語るとすれば、それはいずれも今の東京にはないもの、見つけることが難しくなってしまったものである。決して都会のマネ事に終始することなく、労を惜しまず地域の資産をもう一度見つめ直すことが重要である。

下條村の事例で見るように、村が取り入れた新しい取り組みや斬新な行政改革の土台には、資材支給事業に表される住民自らが地域を築いていこうとする誇りが支えとなっている。地域のインフラや環境整備に対して住民自らが積極的に関与すること。インフラ整備の原点回帰の精神にこそ、地方創生の原動力は潜んでいるのである。

今の我々に分かりやすく例えるならば、ＬＢＴとはインフラやまちづくりのＤＩＹである。行政任せでなく、住民自らが地域のインフラやまちをＤＩＹで直し、形づくっていく行為、これこそ地方創生そのものなのだ。

地方創生に不可欠な住民の高い意識、これもＬＢＴを通じた体験により養われ、磨かれていく。地方創生の骨格を形作っていくもの、それはＬＢＴの営為によって生み出されるものなのだ。

ＬＢＴを活用したまちづくり・村おこし戦略

次に、インフラ整備やまちづくりのＤＩＹであるＬＢＴを用いた、具体的なまちづくり戦略について考えてみよう。

いうまでもなくＬＢＴの主役は地域の住民一人ひとりである。インフラ整備やまちづくりの場において、ＬＢＴを活用することにより住民や民間の活力を最大限に引き出すことが可能となる。

柔軟で新しい形態のＬＢＴが対象とする領域、およびその代表的な方法を示すと次のとおりとなる。領域の下のカッコの中が方法である。

● 計画（コミュニティデザイン）
● 手法（シェアリング・エコノミー）
● 技術（ドローン、ＩｏＴ）
● 財源（ソーシャル・インパクト・ボンド：ＳＩＢ）
● 人材（学生参加型の活動）

まず、インフラ整備やまちづくりの事業を進めるには、いかに住民の意思を反映した計画作りをするのか、そこがスタート地点となる。

次に、その計画を実現するための手法を選ぶ必要がある。どのようなアプローチが効果的なのだろうか。これまでになかったような民間活力を生かした新しい手法を用いた事業が続々と登場している。選定された手法をいかに効率的に実施するのか。新しい手法を達成するための技術もさまざまに工夫され、改良が加えられている。

財政が逼迫《ひっぱく》する中でいかに事業化を図っていくのか。計画実現のため、財源確保は欠かせない。

そして最後は、計画を実施するための人材の確保である。途上国のLBTと私が提案する日本でこれから導入すべきLBTの大きな相違点は、日本が人口減少化にあり、人手が減っていることである。それでは人の流入が限られている地方は、ただこのまま消滅していくのを呆然《ぼうぜん》としてただ待つべきなのか。私の提案は、そこに新しい活力として学生の流れを呼び込み、まちづくりに必要な人材を確保しようとするものである。

各項目について詳しく説明しよう。

計画(コミュニティデザイン)

コミュニティデザインとは、一般にワークショップやイベントといった活動を通じて地域(コミュニティ)の総意を取りまとめ、まちの環境や仕組みを形づくっていく作業である。

デザインという言葉を使用しているが、都市計画制度の適用や施設設計の一環として扱うものではなく、あくまでもコミュニティの活性化を目的として、人とまちとのつながり方やその仕組みづくりを住民が一緒になって構想していこうとする取り組みのことである。コミュニティデザインの領域は、小規模町村における総合計画を作るためのワークショップの組織化、観光地や駅前広場における開発（建築）計画への提案など幅広い。

新しく施設や区域を設計するには、地域住民の意見や要望を反映させることが重要である。まだ新しい概念ではあるが、都市計画やまちづくりにおいて、コミュニティと協調、連携する作業はこれからのまちづくりに欠かせない工程となっている。

行政や建設コンサルタントだけがまちを計画、設計する時代はすでに終わった。住民側の視点から自分たちのまちを企画し、住み良い環境や空間デザインを企画・提案する能力が今こそ求められている。

手法（シェアリング・エコノミー）

新しい計画だからこそ、斬新な取り組みや手法が提案されるようになる。シェアリング・エコノミーとは、モノ・サービス・場所などを、多くの人と共有・交換して利用する社会的な仕組みであり、モノやサービスを共有する形態の経済システムである。実績を有する外資系企業に加え、大手企業による参入事例も現れてきた。

現在は自動車を個人や会社で共有したり、必要とする時間と場所に配車したりするカーシェアリングをはじめ、駐車場、空き家や部屋の民泊利用など、ソーシャルメディアを活用して、個々人の貸し借りを仲介するさまざまなシェアリングサービスが登場し始めている。

昔の日本や途上国では、お金がなくて一つのものを共同で使用することは一般的であった。それを考えると昔に戻ったような錯覚も覚えるが、社会の効率化を図り、無駄を省くという観点では、これこそ、今日の共同体にふさわしいモノとサービスの提供方法なのかもしれない。

大きな変革の時代を迎えて、これまでの制度に縛られない自由な発想と行動力を引き出すには、民間主導の取り組みが必要となる。

技術（ドローンやIoT（モノのインターネット））

これまで紹介したように、インフラ施設の維持管理技術については、岐阜大学などが中心となり、地域における技術の普及促進を着実に進めている。

インフラ整備技術の正しい理解と普及は、我々の生活の安全を守るうえで、極めて重要であり、欠かせないものだが、その一方でICT（情報通信技術）など情報や制御系技術の進展により、これまで世の中になかった新しい技術も多様に登場している。

土木技術だけ見ても、小型無人機「ドローン」を用いた測量および施設の観測利用や、建設機械の自動運転などが注目を集めている。

LBTは、そもそも不足している労働力を有効に活用するために考案された工法である。このため、労働者の確保が比較的容易な途上国と異なり、日本のように労働力が今後少しずつ減少していく国においてLBTを適用する場合は、多少異なるアプローチが必要になろう。

例えば工事現場においては、極力新しい技術を用いて労働力の最適化を図ることにより、労働者をより物事を創造できるような業務に取り組ませたり、細やかなサービスが必要な部門へ配置するなど、快適な労働環境に整備していくべきだ。

新しい技術を活用することにより労働者の適切な配置を進める。日本で展開する新しいLBTは、これまでのようなすべての工程に労働者を均等に配置するのではなく、重要な部門および作業工程に対して重点的に大胆な配置転換を促していく必要がある。労働者の持つ可能性・潜在能力を最大限に活かすこと、これこそがLBTが目指すあり方ではないだろうか。

我々は決してロボットや人工知脳（AI）に仕事を追われる存在ではない。LBTに関する計画の立案作業を通じて、人間と新しい技術の最適な棲《す》み分けを考える機会も増えるであろう。新しい技術、それは、むしろLBTの有効性を担保・裏付けするものなのである。

民間の創意工夫による技術革新は、我々のインフラ整備やまちづくりに対する取り組み方を根本的に変えていくものである。

財源（ソーシャル・インパクト・ボンド：ＳＩＢ）

これからのまちづくり手法は、従来のように公共事業に頼っているだけでは継続性は見込めない。常に新しい財源の確保を探し求めていく姿勢が我々に求められる。

英国では、逼迫する財政のもとで、貧困層支援などの社会福祉事業を効率的かつ効果的に実施するための手段として、政府が積極的にソーシャル・インパクト・ボンド（インパクト投資：ＳＩＢ）を推進している。

日本においても複雑化する社会課題への対応や財政改革は喫緊の課題となっている。このような社会的背景を踏まえ、ＳＩＢの手法を活用した、より効率、効果的な公共サービスが期待されている。

ＳＩＢとは、官民連携により教育や福祉などの社会的な課題の解決を図るとともに、経済的な利益を追求する投資行動である。行政、社会的投資家、ＮＰＯなど非営利組織、評価機関が連携して、社会的成果に基づく質の高い行政サービス提供を実現することを目的としている。

行政サービスを複数年にわたり民間のNPOや社会的企業に委託し、その事業費をＳＩＢ投資家から調達する。事業が実際に成果を上げた場合は、削減された行政コストを原資として、投資家に対して償還を行う仕組みである。

実際に英国では、軽犯罪の受刑者を対象にした再犯防止の取り組みから導入され、受刑中に心理ケアなどの支援を継続的に行うことで再犯率を大幅に下げることに成功している。

日本ではまだ導入が始まって日が浅く、横須賀市の「家庭の事情等で児童養護施設に収容されている子どもの特別養子縁組の支援事業」、尼崎市の「若者就労支援事業」、福岡市・松本市など複数自治体による「認知症予防事業」など三つの事例がいずれも日本財団との協定・支援を得て開始されたばかりである。

大規模なインフラ整備支援方策であるＰＦＩとは、事業の採算方式と規模の点で違いがある。ＰＦＩは、コンセッションと呼ばれる公共インフラの所有権を国や自治体に残したまま、民間企業体へ事業の運営権を売却する方式であり、ＳＩＢは削減された行政コストが、投資家に対する償還の原資となる。

ＳＩＢは民間主導によるインフラ整備手法であるＬＢＴの概念とも馴染み、行政サービスの削減コストも期待できる。ＳＩＢのような新しい社会課題解決のための財源はＬＢＴ普及の可能性を広げてくれるものである。

人材（学生参加型の活動）

最後に、地方創生最大の課題でもある人材確保について考えてみたい。

地方の悲願は、いかにして定住人口を増やすかである。各自治体では、移住支援のため居住施設の提供や職の斡旋《あっせん》、子育て支援や税制上の補助などあらゆる手段を講じて、減少しつつある働き世代、特に若者の誘致政策を進めている。

まさに、日本全国の都市、地域において若者を奪い合う時代が到来している。

そこで、私が着目したいのが、地域が移住対象として見込んでいる20〜40代の若い世代よりもう少し低い学生層の存在である。なお、現在、全国の大学総数は約７７０校、学生数は28万７０００人に及んでいる。

私は、拓殖大学の国際学部および大学院国際協力学研究科において、インフラ開発や都市計画について教えている。私の研究室には、国際開発の分野で活躍したいと希望する学生が集まってくるが、特に地域おこしやまちづくりに関心を持つ学生が多い。

国際開発の現場としては、アジアやアフリカを対象としてフィールドワークの経験を積むことがもちろん望ましいが、学生の懐具合も厳しく、何より定点観測のため海外の現場に継続して調査に出向くには負担も大きい。

このため、第1章でも紹介したように私の研究室では山梨県富士川町を舞台としてまちづくり活動の支援をしている。ここなら、大学のキャンパスがある八王子市から高速バスを利用するとわずか2時間程度で移動できる。中央道八王子バス停から富士川町の青柳バス停までの片道料金は、1750円と学生にも経済的に大きな負担とならない。

学生は、興味津々でまちづくり活動に関わっている。対象は国内のコミュニティとはいえ、地域における問題解決に取り組んだ経験は必ずや海外の現場でも役立つであろう。

ところで、最近は地方創生に関連した学部が続々と創設されているのをご承知だろうか。2016年には何と新たに六つの学部が新設された。国立5校、私立が1校である。このほか、静岡大学は学部横断教育プログラムとして地域創造学環を設けている。

大学 学部 入学定員（人）

（国立）

●宇都宮大 地域デザイン科学部 140

●福井大 国際地域学部 60

●愛媛大 社会共創学部 180

●佐賀大 芸術地域デザイン学部 110

●宮崎大 地域資源創成学部 90

（私立）

●大正大 地域創生学部 100

地方の私大では定員割れも発生し、不人気な学部の整理統合の動きが加速する時代にあって、これだけ同じ専門分野の学部が創設されることは驚くべきことである。

このうち、愛媛大学が新設したのは社会共創学部。文理融合学部で、産業イノベーション学科など4学科を有し、その下には海洋生産科学など2～3のコースを設けている。学生は、授業を通じて県内でフィールドワークを行い、訪問した地域の課題を解決するためのプレゼンテーションを発表する予定となっている。

２０１７年からは、関東学院大学の法学部地域創生学科が開設される。同学科は、地元神奈川県を対象として、横浜市、川崎市、横須賀市、小田原市、三浦市、葉山町などの10自治体と連携した「地方創生特論科目群」を通じて、現場での実践を踏まえた地方創生の姿を学ぶこととしている。

このように、土木系の都市工学に加えて、地域活性化やまちづくりを通じて地方創生について学びたいという意欲を持つ学生は非常に増えている。これは、地方創生に携わる者にとって朗報であり、この流れを大きな動きとして、地方創生の活動に組み入れていくことが重要だ。

地方創生を学ぶには、都市工学や政治、経済など基礎的な学問を学ぶ一方、地方を取り巻く問題を理解すべく、実際に地方の現場において、まちづくりなどの体験を積むことが必要である。

しかし、実際にはなかなかそのような機会に恵まれず、多くの大学や学生は、有効な学習の場としての現場を持ちたいと考えている。まちづくりを学び、コミュニティ開発の目利きになるためには、定点観測の現場を持つことが重要である。都市計画やまちづくりの学習・研究の場として、地方創生は絶好の活きた教材でもある。

若い世代、働き手をいかにして地方に定着させていくのか。地方にとって喉《のど》から手が出るほど欲しい若い世代の魁《さきがけ》として、学生を地方創生の現場へ送り込むことにより、その流れも少しずつ出てきて、効果も現れてくる。

LBTを活用したモデル事業の提案

最後に、地方創生に向けた新しいLBTの具体的な活用方法について提案する。新しいＬＢＴとは、民間活力を最大限に発揮させるために、①計画、②手法、③技術、④財源、⑤人材（学生）の面から、これまでのインフラ整備ではなかったような柔軟なアプローチによって地方創生をカタチづくっていくものである。

従来の公共事業に頼らない、民間主導による具体的なインフラ整備やまちづくりの方策は、多様な応用パターンがあり得る。本書で紹介した国内の事例を援用しながら、特に次に挙げる三つのモデル事業を提案したい。

❶ 地域発まちづくり塾を通じた住民参加型工法の普及

ＬＢＴを全国展開するためには、正しい技術の普及がまず重要である。まずはじめに紹介するモデル事業の提案は、住民参加型による資材支給事業をインフラ整備に取り入れている下條村を念頭に置いた技術普及方策である。

・事業提案の目的

本モデル事業は、下條村に「まちづくり・道なおし塾」を作り、下條村の住民が講師役となって「まちづくり」に取り組む基本的な考え方や姿勢、実務で役に立つ「住民参加型工法」について伝授してもらう。これにより、まちづくりに資するＬＢＴである「住民参加型工法」を全国へ幅広く普及しようというものである。

・事業提案の方策

下條村で実施している事業を実際に取り入れたいと思ったり、関心があって一度は見学してみたいと考える自治体や地域は多いと思われる。本事業は、そのような期待や需要に応えるべく、実際行われている工事の際に、視察、見学会、講習会のような形態で一般公開し、併せて役場や住民による事業説明を聞いたり、打ち解けて懇親会を催すなど、意見交換や親睦《しんぼく》を深める機会とするものだ。

資材支給事業は、年間30～40件前後の工事が下條村で行われている。下條村の方々は、まちづくりや道なおしに対する高い意識を持ち、整備工法の達人でもある。現在村で継承されているこの知識と経験は村の財産であり、強みである。この技術をほかの地域にも根付くように村の住民が積極的に情報発信していけば、関心を持つ地域は多いであろうし、受け入れや研修受講費用を得て村や住民も潤うことになる。

今は、村のインフラ整備費用の削減と、住民の一体感醸成を目的として行われている資材支給事業であるが、住民参加型の技術研修事業と併せて、全国的に事業を発信していくなら、村から発信する新しいビジネスモデルともなろう。

本書でも紹介したが、いくつか類似の事業がほかの地域でも行われている。将来的には、これらの地域が核になり、住民参加型工法の発信・普及機関の役割を果たしていくのであれば、その地域に適した新しい技術が創造され、下條村に見られるような地域の一体感も醸成されてくることであろう。

地域によっては、下條村で実施している工法だけでは不十分で、さらに難しい工事が必要とされるところもあろう。そこで必要になってくるのが、インフラ施設の維持管理の研究教育機関である岐阜大学や長崎大学などの技術研究センターであり、その研修を受講した「ME《エムイー》」や「道守《みちもり》」の存在である。技術研究センターは地域のニーズにより応える形で、既存の活動領域を広げつつ、これからの地方創生に必要な基本的技術の基盤を支える存在となるべきである。

・まとめ

岐阜大学の沢田和秀教授も語っているように、技術は何もしないでいると、すぐ陳腐化し、劣化する性質を持っている。そこで、これら大学の技術研究機関が必要に応じて技術的な支援や助言をしてくれる体制が整えば心強い。新たに発生するこれらの経費は、住民参加型工法の導入によって削減される行政コストから十分運用可能である。

さらには、住民参加型工法の普及にともない、下條村を中心として本工法を導入する自治体や地域による情報交換や技術発表の場ができれば、技術の研鑽《けんさん》・普及に関する有意義な機会となる。

なお、参考となる事例としては、尾道市の「空き家再生プロジェクト」が実施している「尾道建築塾」、および「空き家再生夏合宿」と呼ばれるＤＩＹやリフォーム技術の講習会技術講習会である。

これらの講習会は、大工や左官などの職人、建築士、大学教員などを講師として、実際の空き家再生作業を通じて、土壁の修理法や、床の傷みの補強など基礎的な技術と知識を学ぶものである。期間は一週間程度。近くの空き家や宿舎に泊まり込みながら、集中して作業を習得していくものである。

インフラ分野でも、この提案のように「住民参加型の工法」の講習会を実際の施工と併せて実施できれば有意義であろう。

❷ 住民主導型の自分たちのまちづくりマスタープランの策定と公募型インフラ整備事業の推進

住民参加型工法を導入するといっても、各地域で必要とされるインフラの需要はそれぞれ異なっており、すべての地域で下條村に導入している事例を持ち込むことは適切ではない。

そこで必要になってくるのは、その地域に適合した「まちづくり計画」の策定である。

二つ目のモデル事業の提案は、「住民主導によるまちづくりマスタープラン（まちづくりMP）」とその実現手段である「公募型インフラ整備事業」の提案である。

私たちのまちづくりに重要なのは、自治体が作成する一般に「都市・地域計画マスタープラン（都市MP）」と呼ばれる都市内の土地利用や交通、施設立地を包括的にまとめた計画である。教育、保健・衛生、産業や環境整備など、我々の身の回りの事業は、すべてこの都市MPに基づいて行われている。

行政が管轄するこの都市MPは、すべての行政サービスの基本ともなる重要な都市整備の計画であるが、本提案は、住民主導による住民参加型が可能なインフラ整備の計画立案である。これを住民主導による「まちづくりマスタープラン（まちづくりMP）」と呼ぶ。

このまちづくりＭＰは、行政が定めた都市ＭＰを踏まえ、住民の視点から、住民が参加可能な事業計画案として、あらためて見直していく計画である。どんな事業なら住民参加型で実施可能か、都市ＭＰを住民の視点で再評価することにより、地域や住民の身の丈に合った事業が、この過程から明らかになるであろう。

・事業提案の目的

これまでも行政は、都市ＭＰを承認する際、市民に向けて説明会を設けたり、計画案の縦覧をしたりして、市民に対する都市ＭＰの理解を深める過程を経ており、もちろん都市ＭＰ自体は市民の意見が反映されたものになっている。

本提案は、あくまでも都市ＭＰの示す公益性と公平性は担保しつつ、あらためて住民参加の観点から都市ＭＰを精査することにより、住民や民間事業者がまちづくり活動に自ら参加しやすいよう都市ＭＰを見直し、これにより地域にふさわしい住民参加型の事業を創出していくことを目的としている。

・事業提案の方策

住民参加型の事業は、資材支給事業のようなインフラ整備だけに留まらず、本書で紹介したようにさまざまな分野において適用可能である。

計画においてはコミュニティデザインを用いた参画、手法としてはシェアリング・エコノミーの導入、技術としては、ドローンやＡＩなど新しい技術を用いた従来の行政ではカバーできていない領域やサービスへの参入、財源としてはＳＩＢやクラウドファンドなど民間の資金を導入するための新しい取り組みがある。

民間が公共の施設を管理する制度としては、「指定管理者制度」がある。本制度は、従来地方公共団体やその外郭団体に限定していた公の施設の管理・運営を、株式会社など営利企業をはじめ、財団法人・ＮＰＯ法人・市民グループなどの法人そのほかの団体に包括的に代行させるものである。

このように、多角的に住民参加型が可能な手段を反映した住民によるまちづくりＭＰを作成し、その中で整備事業の優先度を明示することにより、住民参加型事業は増え得るであろうし、地域の活気や賑わいも生まれてくると期待できる。

また、まちづくりＭＰの策定にあたっては、併せて「公募型インフラ整備事業」を採用することが効果的だと考える。

この事業は、まちづくりＭＰで提案された住民参加型の事業の案件を公表・公示し、一般企業をはじめＮＰＯ、民間の有志団体の参画・参入を促すものである。このような住民参加型事業の市場が形成されてくれば、地方創生に関連したビジネスや起業したいと希望する意欲的な企業や団体を地方へ呼び込むことが可能になってくるであろう。

・まとめ

本事業により、自治体としては行政コストの削減が図られるばかりでなく、定住人口の増加や法人税の増収も見込まれる。また、事業の費用対便益効果の評価を適正に行うことにより、行政が実施したほうが効率的な事業・サービスについては、引き続き行政が担当していけば良いことから、民間と公共部門の役割分担も明確になる。

本提案は、行政コストの削減に加え、地方創生ビジネス市場を確立・拡大する観点からも重要である。

❸ 学生まちづくり協力隊の創設　～大学から発信する地方創生のカタチづくり～

まちづくりに必要な要素は「よそ者、若者、ばか者」だとよくいわれる。このうち、地方が地方創生に取り組むうえで、絶対的に不足しているのが、よそ者であり、若者の存在である。

最後に紹介する本事業モデルは、私とゼミ学生が考案した、地域の人材に着目し、地方創生の現場へ、よそ者と若者を引っ張り込むための提案として、若い世代や学生による「まちづくり協力隊」の創設構想を提案したい。

ここでは、拓殖大学国際学部のキャンパスがある八王子市を事例対象として取り上げる。

・はじめに、事業提案の背景

東京都の西部、多摩地区に位置する八王子市は、市内に大学・短大・高専が25校あり、学生数は約11万人を有する京都市と並ぶ国内有数の学園都市である。一方では、地方から大学周辺に移り住んだ多くの若い世代が、卒業後は都心部へ流出してしまうという課題も抱えている。

しかし、**図8**で示すとおり、八王子市は立地的に交通の利便性が高い。

八王子市は都心から見ると最西端

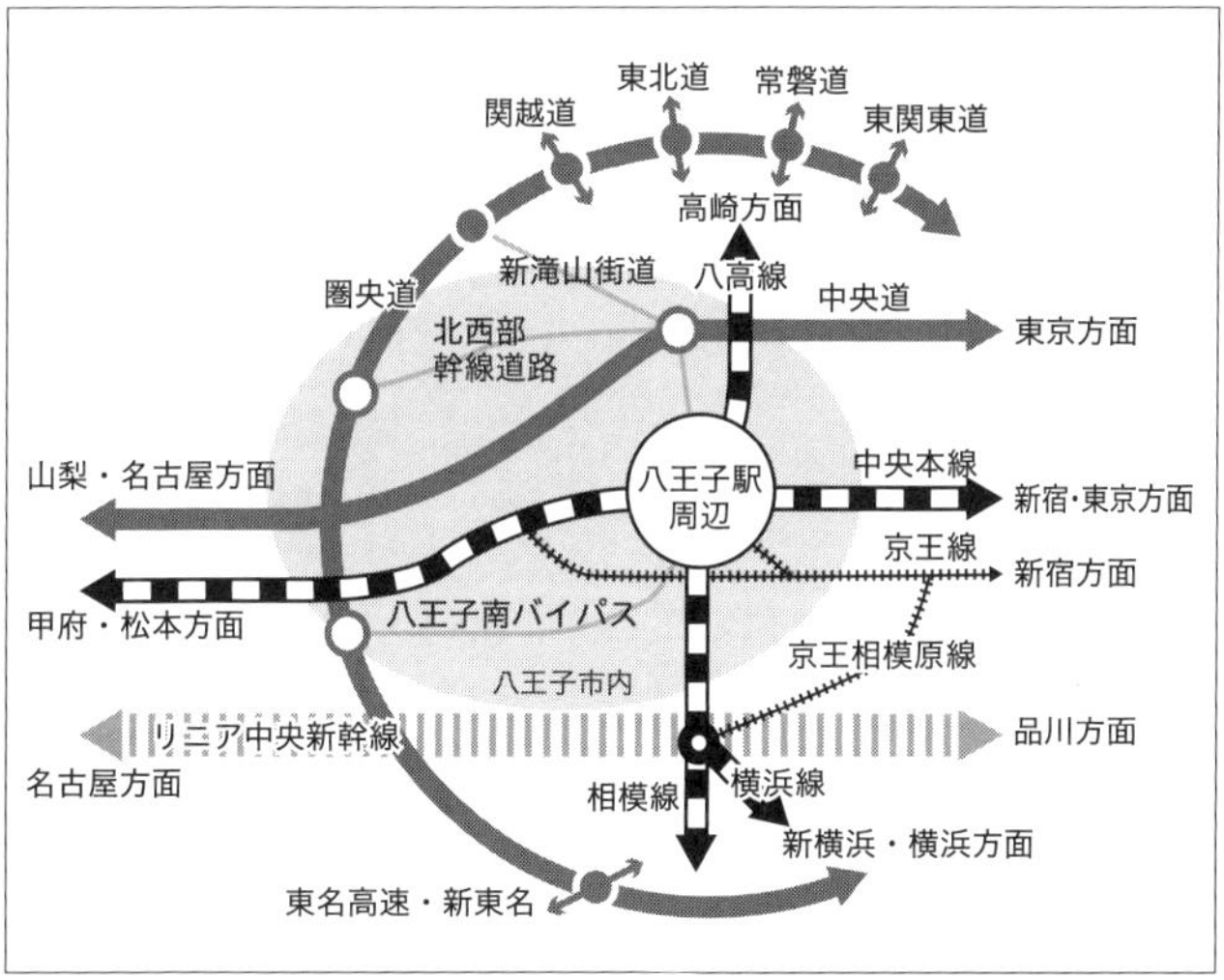

図8　八王子駅周辺の交通網　「都市づくりビジョン八王子」より作成

に位置するが、交通網の観点から八王子市を中心として考えてみると、都心部、相模原・横浜、山梨・長野、埼玉・群馬に至る北関東を圏央道や中央線といった道路、鉄道網で結ぶ地域の中核的な立地的役割を担っている。

特に山梨・長野方面にとっては、八王子市は都内へ入るための重要な玄関口となっており、事実、江戸時代には、高尾近くの小仏峠に関所が設置され、中山道から江戸に至る街道の重要な窓口になっていた。

このように、八王子市は西東京地区における中核都市としての役割を期待されており、防災面においても都心と地域をつなぐ拠点として重要な位置にある。

・事業提案の目的

本事業は、八王子市の周辺地域における存在感を高めるとともに、八王子市の持つポテンシャルの一つである学生の有効活用化により、周辺地域が抱える地方創生の課題解決に寄与・貢献するものである。

また学生は、周辺地域におけるまちづくり活動を通じて、八王子市が目指す都市づくりビジョンの実現化に関与することにより、学生自らも八王子市への魅力を再確認し、卒業後も八王子市に定住する効果が期待できる。

八王子市の学生を活用し、周辺地域におけるまちづくり協力を行うことの効果は以下のとおりである。

①地方創生に取り組む周辺地域にとっては、学生という若い世代のまちづくり活動への参画は、地域活性化にとって大きなメリットとなる。

②大学・学生にとっては、まちづくり活動を通じて、理論だけでは得られない実践的な経験を積むことができる。

③八王子市にとっては、周辺地域との友好・協調関係を構築し、市内の大学とネットワーク強化を図ることができる。

このように、八王子市が周辺地域との強い協調関係を持つことにより、八王子市のＭＰで掲げているビジョンである西東京地区における中核都市としての役割がより明確となる。

また災害面では、都心部で大災害が発生し、混乱が生じても、事前に培われた八王子市と周辺地域との強いネットワーク関係を活かして、迅速に物資を相互間に供給する体制を整備することも可能となる。このような地域共存システムを確立するためには、本事業を通じて学生が周辺地域でまちづくり活動を行うことが有効だと考えられる。

・事業提案の方策

具体的な提案方策は次のとおりである。

①各大学と連絡を取り、地方創生・まちづくりに関心を持つ学生を集め、「八王子学生まちづくり協力隊」という組織を八王子市都市計画部、および市内大学のプラットフォーム的な機能を持つ市の既存組織である「大学コンソーシアム八王子」の主導により編成し、参加・登録を希望する大学・研究室の学生をメンバーとする。

②メンバーとなる大学・研究室の学生に対しては、市職員や大学の教員がまちづくり協力隊の趣意、活動概要の説明、まちづくりを理解するための講義や研修を開催し、学生のまちづくり力となる知識と能力を向上させる。

③周辺地域から、学生まちづくり支援隊にまちづくりの協力を要請された時は、各大学へ情報を共有し、活動への参加を促す。

④いずれかの大学・研究室の参加が決まり次第、その大学の学生を依頼のあった地域へ派遣し、学生ならではの視点や各大学が持つ強みを利用して、周辺地域住民とともにまちづくり活動を行う。

⑤実際に参加するまちづくり活動の内容は、商店街活性化、コミュニティカフェの開設、空き家利用、広告やSNSを使ったイベント企画などさまざまある。下條村が実施するような住民参加型まちづくりの一員として参加することもあり得る。また、学生であることから、単に参加するだけではなく、調査・研究の対象として、データを集めたり、インタビューをしたり、あるいはデザイン力を磨いたりと、自分の専門性を活かし、かつ専門性を高めることを十分意識することが

重要である。

⑥まちづくり活動の成果が出たところで、活動に参加した学生による報告会を周辺地域と八王子市の合同で行う。本報告会を開催することにより、周辺地域と八王子市のまちづくり活動に関する情報共有が図られ、学生に対しては、より効果的なまちづくり活動に協力するための事例を示すことができる。

⑦最後に、八王子市に対してまちづくり活動報告書を提出する。報告書を提出することにより、まちづくりの成果などがデータベースとして八王子市に蓄積され、関連する業務や、市民が参加するまちづくり活動にも参考・利用可能になる。

・まとめ

八王子学生まちづくり協力隊を通じて、各大学が行う周辺地域への町づくり活動に参加・協力することにより、関連情報が共有化される。また、参加大学が増加することにより、新たな需要を持った周辺地域（例えば、芸術や工学系など）が八王子市役所へ協力申請を送ることも増えるであろう。

このようなネットワークを構築することは、八王子市と周辺地域との関係強化につながり、最終的には八王子の活性化をもたらしていくと考える。

本提案は、学園都市八王子市を念頭に構想したものであるが、複数の大学が存在する地方自治体であれば対応可能な方策である。場合によっては大学が1校しか存在しない地域でも、その大学と連携して、学内の研究室単位で複数地域の地域においてまちづくり活動の支援を得ることは可能であろう。

地方創生を図るうえで最大の問題は、財

山梨県南巨摩郡富士川町の「プロジェクトYターン！」では、筆者(写真左)やゼミの学生が同町でまちづくり活動を行い、地域住民と交流を深めている

源でなく人材である。本事業モデルは、若者である学生層の存在に着目し、その有効活用を図ることで、地方の人材難の課題を改善していこうと試みる方策である。

大きな費用は必要とせず、地域、大学、調整する自治体とともに大きな効果を得ることができる。地方創生のために、各地域でそれぞれ取り組んでほしい施策である。

なお、本提案は、大学コンソーシアム八王子市主催、八王子市教育委員会後援により、２０１６年12月に開催された「第８回大学コンソーシアム八王子学生発表会」の最終選考会において、石森孝志《たかゆき》市長に市政提案という形でゼミ学生が直接提案を行い、新規性、内容、実現性も評価されて「奨励賞」を受賞している。

※本書は、２０１６年度拓殖大学国際開発研究所個人研究助成に基づく研究成果の一部である。

おわりに

ＬＢＴとは、お作法が厳格に定まっている茶道や華道とは異なり、現場や関係者・参加者の条件により多彩な運用が図れるインフラ整備の方策であり、厳密にいえば、一つの工法というよりは、施設建築にあたり身障者への配慮を促すユニーバーサル・デザインのような、むしろ基本的な方針、概念（コンセプト）に近いものである。従って、地方創生に活かすためには、限りなく柔軟に、その地域に適したＬＢＴを生み出し、導入していってほしい。本書の表題に掲げたように、ＬＢＴが地方創生の切り札になるという確信は、私にとっていささかのブレもない。

本書を通じて、地方創生に向けた対応策の端緒となるような手がかりを見つけていただければ幸いである。

まずは、地域に綿々と継承・紡がれてきた、あるいは埋もれかけていた「普請」や「結」などの、絆や住民の連帯感を思い起こさせる文化や伝統を現代の時代にふさわしいカタチに甦《よみがえ》らせ、再生すること。これを踏まえて地域の売りとなる共同体としての意識をあらためて住民自身が自覚し認め合うこと。そして柔軟な発想による地域力を発揮し、民間や住民主役型のまちづくりへと展開していくこと。その概念を一言で体現する用語がＬＢＴなのだ。

地方創生に向けて、本書が伝えたいメッセージは単純明快にそれだけである。ＬＢＴを通じて皆さんの地域を元気にしていただきたい。

今度は、どこかのまちづくりの現場で皆様とお会いできることを楽しみにしています！

最後に、本書をまとめるにあたり、お世話になりました多くの方々に深く感謝申し上げます。

２０１７年早春　関東平野を望む八王子市高尾の大学キャンパスにて

徳永　達己

参考文献〈書籍・資料・WEBサイト〉

▼調査研究・資料

佐々木哲也・佐々木葉『セルフビルトによる道づくり』景観・デザイン研究講演集、No.2、2006年

中野雅至『戦後日本の失業対策の意義：産業政策との比較の観点を中心として』現代社会文化研究NO.21、2001年8月

『アフガニスタン国カブール首都圏開発推進プロジェクト LBT (Labour Based Technology) 導入可能性検討調査報告書』、JICA、2012年3月

『都市づくりビジョン八王子』八王子市、2015年3月

『ひとびとの希望を叶えるインフラへ』JICA、2004年

『平成25年住宅・土地統計調査』総務省統計局、2015年2月26日

『平成27年度国土交通白書』国土交通省総合政策局、2016年6月

『IMF-World Economic Outlook Database』IMF、2016年4月

『LBT (Labour Based Technology) ガイドライン』、JICA、2012年3月

▼書籍

相川俊英『奇跡の村 地方は「人」で再生する』集英社新書、2015年10月21日

浅井建爾『道と路がわかる事典』日本実業出版社、2001年11月10日

「動く→動かす」編『ミレニアム開発目標 世界から貧しさをなくす8つの方法』、合同出版、2012年10月15日

青田孝『箱根の山に挑んだ鉄路 「天下の険」を越えた技』交通新聞社新書、2011年8月15日

加藤利之『箱根山の近代交通』神奈川新聞社、1995年3月31日

佐原隆幸・徳永達己『国際協力アクティブ・ラーニング ワークでつかむグローバルキャリア』弘文堂、2016年2月15日

椎川忍・小田切徳実・平井太郎・地域活性化センター・移住・交通推進機構編著『地域おこし協力隊 日本を元気にする60人の挑戦』学芸出版社、2015年9月1日

紫牟田伸子『日本のシビックエコノミー　私たちが小さな経済を生み出す方法』フィルムアート社、２０１６年２月25日
タイモン・スクリーチ『江戸の大普請　徳川都市計画の詩学』講談社、２００７年11月30日
武部健一『道Ⅰ』『道Ⅱ』法政大学出版局、２００３年11月７日
武部健一『道路の日本史　古代駅路から高速道路へ』中公新書、２０１５年５月25日
中越地震特別取材班＋北陸地域づくり研究所『やまこし復興』小学館クリエイティブ、２００７年６月30日
豊田雅子『尾道式空き家再生術』ＮＰＯ法人尾道空き家再生プロジェクト、２０１３年２月22日
中川寛子『解決！空き家問題』ちくま新書、２０１５年11月５日
永松伸吾『キャッシュ・フォー・ワーク　震災復興の新しい仕組み』岩波ブックレット、２０１１年９月７日
『日本歴史大辞典（全４巻）』小学館、２００７年
『バス、天下の険をいく～箱根の自動車１００年～』箱根町立郷土資料館、２０１２年
マイク・デイヴィス『スラムの惑星　都市貧困のグローバル化』明石書店、２０１０年５月20日
松沢成文『破天荒力　箱根に命を吹き込んだ「奇妙人」たち』講談社、２００７年５月29日
宮澤智士『日本列島民家史：技術の発達と地方色の成立』住まいの図書館出版、１９８９年７月
J.ANTONIF・P.GUTHRIE・J.DE VEEN『BUILDING ROADS by HAND』ＩＬＯ、２００８年
BJON JOHANNESSEN『BUILDING RURAL ROAD』Longman、１９９０年

▼**新聞記事**
日本経済新聞『道づくりに住民の力』２００６年６月20日
読売新聞『穴があれば教えて』２０１０年５月16日
朝日新聞『被災者 寄付金で一時雇用』２０１１年５月16日
日本経済新聞『「地方創生」尻すぼみ』２０１６年５月21日
日本経済新聞、『日本企業の海外売上高比率、過去最高』２０１６年８月９日
日本経済新聞『村を変えた住民の知恵と汗』２０１６年８月27日
読売新聞『追悼抄「前大分県知事　平松守彦さん〝一村一品〟国内外に勇気」』２０１６年10月１日

▼**インターネット記事**

『世界には膨大な需要がある』、日刊建設工業新聞ブログ、２０１５年10月14日
http://nikkankensetsukogyo2.blogspot.jp/2015/10/blog-post_63.html

ＦＲＩコラム『地方創生の本質とは』清水知輝、２０１６年2月14日
http://www.fri-associates.com/blog/current_topics/000475.html

▼**映画、ＴＶ報道**

橋本信一監督『掘るまいか 手掘り中山隧道の記録』２００３年

ＮＨＫ ＷＥＢ特集「検証・地方創生 交付金のゆくえ」２０１６年6月16日放映
http://www.nhk.or.jp/ohayou/digest/2016/06/0616.html

▼**ホームページ、フェイスブック**

❶**国際機関**

ＩＬＯ Employment-intensive investment Programme（ＥＩＩＰ）
http://www.ilo.org/employment/units/emp-invest/employment-intensive-investment/lang--en/index.htm

ＵＮ ＨＡＢＩＴＡＴ　http://unhabitat.org/

❷**政府機関・独立行政法人**

首相官邸、まち・ひと・しごと創生会議
http://www.kantei.go.jp/jp/97_abe/actions/201605/20machi_hito_shigoto.html

外務省　http://www.mofa.go.jp/mofaj/

農林水産省　http://www.maff.go.jp/

国際協力機構（ＪＩＣＡ）　https://www.jica.go.jp/

❸地方自治体・地域おこし協力隊

岩手県花巻市地域おこし協力隊（イーハトーブ地域おこしプロジェクトチーム）
https://ja-ks.facebook.com/hanamakichiikiokoshi/
神奈川県横浜市都市整備局ヨコハマ市民まち普請事業
http://www.city.yokohama.lg.jp/toshi/chiikimachi/machibushin/
東京都八王子市　http://www.city.hachioji.tokyo.jp/
長野県地域発元気づくり支援金
https://www.pref.nagano.lg.jp/shinko/kensei/shichoson/shinko/shienkin/index.html
長野県下條村　https://www.vill-shimojo.jp/
新潟県長岡市　http://www.city.nagaoka.niigata.jp/
山梨県富士川町　http://www.town.fujikawa.yamanashi.jp/

❹大学・研究機関

岐阜大学工学部附属インフラマネジメント技術研究センター　http://www1.gifu-u.ac.jp/~ciam/
長崎大学インフラ長寿命化センター道守養成ユニット　https://michimori.net/

❺公益法人・NPO法人

NPO法人尾道空き家再生プロジェクト　http://www.onomichisaisei.com/
公益社団法人食品容器環境美化協会　アダプト・プログラム　https://www.kankyobika.or.jp/adopt
NPO法人道普請人　http://coreroad.org/

● プロフィール

徳永達己（とくなが・たつみ）

拓殖大学国際学部教授、博士（工学）、技術士（建設部門）。1961年、神奈川県生まれ。拓殖大学卒、東京海洋大学大学院修了。青年海外協力隊、（社）国際建設技術協会、（株）エイト日本技術開発を経て現職。専門は都市・交通等のインフラ開発計画。アフリカなど開発途上国において数多くの開発プロジェクトを担当。著書に『国際協力アクティブ・ラーニング』（共著、弘文堂）、『プロジェクトマネジメント入門』（共著、朝倉書店）

『地方創生の切り札 LBT』

アフリカから学ぶまちづくり工法

2017年4月20日　初版第一刷発行

著者　徳永達己

発行者　加藤玄一

発行所　株式会社 大空出版
東京都千代田区神田神保町3-10-2
共立ビル8階
電話　03-3221-0977

編集　仁井慎治
校正　齊藤和彦
デザイン　大類百世　芥川葉子　竹鶴仁惠
印刷・製本　株式会社暁印刷

　ISBN978-4-903175-70-6　C0036